全国职业院校汽车类专业工作手册式新形态教材

附微课视频

汽车配件管理

中德诺浩（北京）教育科技股份有限公司 / 组编

吕丕华 / 主编

大连理工大学出版社

内容简介

本书是全国职业院校汽车类专业工作手册式新形态教材。全书分为十二个任务，包括编写配件号、计算配件订购量、订购配件、验收到货配件、配件索赔、仓库分区、编制料位码、配件定位码放置、配件营销、配件出库、库存盘点、盘点报告等内容。

本书可作为全国职业院校汽车类专业的教学用书，也可作为汽车售后服务企业相关技术人员与社会人士的培训参考用书。

本套教材由吕丕华主编，本书由张东杰负责编写。

图书在版编目（CIP）数据

汽车配件管理 / 中德诺浩（北京）教育科技股份有限公司组编. -- 大连：大连理工大学出版社，2024.9

ISBN 978-7-5685-5005-5

Ⅰ．①汽… Ⅱ．①中… Ⅲ．①汽车－配件－销售管理－教材 Ⅳ．①F766

中国国家版本馆 CIP 数据核字（2024）第 109537 号

大连理工大学出版社出版

地址：大连市软件园路 80 号　　邮政编码：116023
发行：0411-84708842　　邮购：0411-84708943　　传真：0411-84701466
E-mail：dutp@dutp.cn　　　URL：https://www.dutp.cn

大连图腾彩色印刷有限公司印刷　　　大连理工大学出版社发行

幅面尺寸：210mm×285mm　　　印张：6.25　　　字数：174 千字
2024 年 9 月第 1 版　　　　　　2024 年 9 月第 1 次印刷

责任编辑：唐　爽　　　　　　　　　　　　责任校对：陈星源
　　　　　　　　　封面设计：张　莹

ISBN 978-7-5685-5005-5　　　　　　　　　定　价：28.80 元

序

当前，我国处于由制造大国向制造强国、由人力资源大国向人力资源强国发展的重要时期，党和国家为此制定了一系列科教兴国、人才强国的战略措施。

在人才队伍中，工作在生产一线的技能型人才是重要基础。高素质技能型人才队伍是推动经济社会发展的重要保障，职业教育是培养高素质技能型人才的主要渠道。尽管世界各国国情不同，发展职业教育的条件、政策和具体措施各异，但无论是发达国家还是新兴工业化国家，都非常重视职业教育在培养高素质技能型人才中发挥的重要作用，把发展职业教育作为人力资源开发、振兴经济、增强国力的战略选择。

德国的职业教育水平处于世界领先地位。德国经济在世界金融危机中能依然稳健发展，与其因职业教育发达而拥有大量的高素质技能型人才是分不开的。完备的法律制度和各方面的高度重视，为德国的职业教育发展提供了有力保障。德国的双元制职业教育制度将劳动人事制度与教育制度有机地结合在一起。学校和企业都是培养人才的主体，并承担相应责任，学校和企业的教学计划、形式和内容虽各有侧重，但又相互联系，且均以工作任务为教学载体，将技能学习和训练、理论学习和运用有机结合，充分发挥学生在教学中的主体作用，着力培养学生承担社会责任的能力、独立发现和解决问题的能力，以及在实践中自主学习的能力。

改革开放以来，我国在借鉴国外先进职业教育经验方面取得了可喜成就。我国职业教育的对外交流与合作就是从借鉴和学习德国经验开始的，中德诺浩（北京）教育科技股份有限公司为此做了积极而有效的探索。

　　长期以来，该公司致力于引进德国的汽车职业教育资源，与德国手工业协会合作，在国内与以德国品牌为主的汽车合资企业和各类职业院校共同开展教育工作。经过多年的探索，结合我国国情，该公司成功引进德国汽车类专业职业教育的课程体系、教学素材和教学方法，并利用互联网手段进行了全方位本土化，在此基础上与300多所职业院校联手，为我国汽车维修企业培养了大批优秀人才。与此同时，该公司组织中德两国的汽车技术专家、经验丰富的维修技师和职业教育专家，共同编写了全国职业院校汽车类专业工作手册式新形态教材。这套教材以培养高技能人才为目标，内容选自实际操作，既原汁原味地吸纳了德国经验，又结合我国实际情况充实了教学内容，旨在推动我国汽车维修技能型人才的培养与世界接轨。我期待这套教材能在我国培养国际标准汽车高技能人才方面发挥重要作用，在中国由汽车大国向汽车强国迈进的征程中做出应有的贡献。

唐天标

　　（本序作者系第十一届全国人大常委会委员、第十一届全国人大教科文卫委员会副主任委员，中国人民解放军总政治部原副主任，上将军衔）

前言

职业教育是国民教育体系和人力资源开发的重要组成部分，肩负着培养多样化人才、传承技术技能、促进就业创业的重要职责。随着新型工业化的推进和科学技术的发展，现代职业教育体系已成为国家竞争力的重要支撑。为贯彻落实全国职业教育大会精神，推动现代职业教育高质量发展，加快构建现代职业教育体系，建设技能型社会，弘扬工匠精神，培养更多高素质技术技能人才，满足我国汽车产业迅猛发展对高端技术技能型汽车人才的需求，编者在总结多年来将德国汽车类专业职业教育中国本土化经验的基础上，编写了这套全国职业院校汽车类专业工作手册式新形态教材。

本套教材将理论基础和实践应用有机结合，在引领学生学习汽车专业知识的同时培养学生的实际操作技能，具有以下特点：

（1）以企业一线任务为引导，将理论知识与实践技能完美结合。

（2）教学任务有序化设计，从简单到复杂，循序渐进，不断深化。

（3）采用四色印刷，版面简洁清晰、主题明确、色彩清新。

（4）配有丰富的数字化教学资源，学生可通过扫描每个任务专属的二维码进行浏览和自学。

本套教材的编写充分发挥了学生的主体地位，优化了课堂设计，便于调动学生的学习积极性和主动性，还可培养学生的创新意识和创新能力。

　　本套教材是职业院校汽车类专业核心课程教材，也可供从事汽车研究、设计、制造、使用和维修的工程技术人员学习和参考。

　　尽管我们在探索教材特色方面做出了许多努力，但教材中仍可能存在一些不足，恳请广大读者批评指正，并将意见和建议反馈给我们，以便修订时改进。

编　者

目 录

汽车配件管理任务工单

任务描述	编写配件号 ☐　　计算配件订购量 ☐　　订购配件 ☐　　验收到货配件 ☐ 配件索赔 ☐　　仓库分区 ☐　　编制料位码 ☐　　配件定位码放置 ☐ 配件营销 ☐　　配件出库 ☐　　库存盘点 ☐　　盘点报告 ☐ 其他：＿＿＿＿＿＿＿＿＿＿＿＿＿＿＿＿

资料选择	配件号编制表 ☐　配件采购计算表 ☐　配件订货单 ☐　配件采购合同 ☐ 配件网络营销平台 ☐　配件送货单 ☐　配件验收单 ☐　出入库登记表 ☐ 汽车配件索赔申请单 ☐　汽车配件外部销售单 ☐　汽车配件出库单 ☐　配件盘点明细表 ☐ 盘点报告 ☐　国产配件号表 ☐　进口配件号表 ☐ 其他：＿＿＿＿＿＿＿＿＿＿＿＿＿＿＿＿

配件信息	配件类型	配件名称

	配件包装检查		配件质量检查	
破损 ☐		锈蚀 ☐	
脏污 ☐		损坏 ☐	
虫蛀 ☐		脏污 ☐	
腐蚀 ☐		变形 ☐	

明确具体 工作任务	＿＿＿＿＿＿＿＿＿＿＿＿＿＿＿＿＿＿＿＿ ＿＿＿＿＿＿＿＿＿＿＿＿＿＿＿＿＿＿＿＿

一、知识讲解

汽车配件号可以帮助我们简单、直观地区分配件类型。常见的汽车配件号可分为国产配件号和进口配件号。

（一）国产配件号

国产配件号有图 1-1 所示三种形式，由企业名称代号、组号（分组号）、源码、零部件顺序号、变更代号构成。其中，企业名称代号为两位或三位字母；组号为两位数字，表示汽车各功能系统分类代号，分组号为两位数字，表示各功能系统内分系统的分类顺序代号；源码为三位字母、数字，表示设计来源、车型中的构成、产品系列，由企业自定；零部件顺序号为三位数字，表示功能系统内总成、分总成、子总成、单元体、零件等顺序代号；变更代号为两位字母、数字，由企业而定。

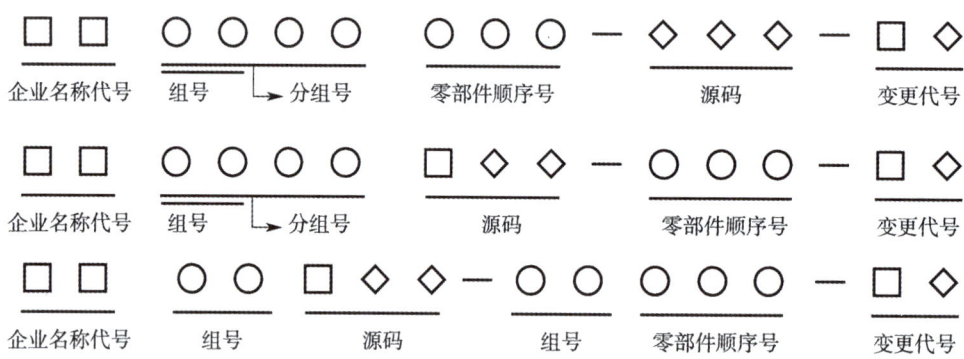

图 1-1　国产配件号

注：□表示字母；○表示数字；◇表示字母或数字。

（二）进口配件号

以大众系列配件为例，进口配件号通过数字和英文字母的组合，形成一套简明、完整、精确、科学的配件号系统，如图 1-2 所示。

$$（L/LOG）\quad ×××\quad ×××\quad ×××\quad ××\quad ×××$$
$$①\qquad ②\qquad ③④\qquad ⑤\qquad ⑥\qquad ⑦$$

图 1-2　进口配件号

图 1-2 中，①为国产配件标记，"L"或"LOG"表示该配件是国产配件；②为车型号，表示汽车的车型、发动机或变速器的型号，对于油漆、辅料及一部分通用件，用 1 位或 2 位字母表示；③为主组号，表示该零件所属的主组（主总成）；④为子组号，表

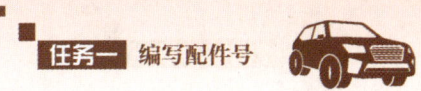

示该零件所属的子组（子总成）；⑤为零件号；⑥为更改标记，当零件改进后，用 2 位字母或数字表示；⑦为颜色、尺寸代码。

二、任务准备

（一）资料准备

国产配件组号和分组号见表 1-1。大众系列配件组号见表 1-2。

表 1-1　　　　　　　　　　国产配件组号和分组号

组　号	分组号
10（发动机）	1000 ~ 1030
11（供给系统）	1100 ~ 1156
12（排气系统）	1200 ~ 1209
13（冷却系统）	1300 ~ 1314
15（自动液力变速器）	1500 ~ 1508
16（离合器）	1600 ~ 1609
17（变速器）	1700 ~ 1722
18（分动器）	1800 ~ 1807
20（超速器）	2000 ~ 2004
21（电动汽车驱动系统）	2100 ~ 2151
22（传动轴）	2200 ~ 2241
23（前桥）	2300 ~ 2311
24（后桥）	2400 ~ 2409
25（中桥）	2500 ~ 2513
27（支撑连接装置）	2700 ~ 2741
28（车架）	2800 ~ 2810
29（汽车悬架）	2900 ~ 2965（21 个）
30（前轴）	3000 ~ 3011
31（车轮及轮毂）	3100 ~ 3113
32（附加桥/附加轴）	3200 ~ 3203
33（后轴）	3300 ~ 3303
34（转向系统）	3400 ~ 3418
35（制动系统）	3500 ~ 3568

表 1-2 　　　　　　　　　　　　　大众系列配件组号

分　类	组　号	内　容
第 1 大类：发动机及燃油喷射系统	100	发动机或发动机总成
	103	气缸体、气缸盖、气门室、通风软管、油底壳
	105	曲轴、飞轮、曲轴带轮
	107	活塞、活塞环
	109	配气机构，包括进气门和排气门、凸轮轴、正时齿轮、正时齿轮罩、传动带等
	115	机油泵、机油滤清器、托架、油标尺
	121	发动机冷却系统，包括冷却液泵、散热器、进水管和出水管、风扇等
	127	燃油泵（化油器车用）、燃油储压器、连接软管
	129	化油器及进气系统，包括空气滤清器、进气歧管等
	133	喷射式发动机用的喷油器、燃油管路、冷启动阀、压力调节器、燃油计量阀（包括空气滤清器总成及空气计量阀）等
	141	离合器、离合器压盘、离合器片、分离轴承
	145	转向助力泵、涡轮增压器、增压空气冷却器
	198	修理包，包括气缸体密封件、活塞环、连杆、止推垫圈、轴瓦等
	199	发动机悬置件
第 2 大类：油箱／排气系统／空调系统	201	供油系统，包括油箱、燃油管路、燃油滤清器及燃油泵
	253	排气歧管及排气消声器
	260	空调设备的制冷循环系统，包括蒸发器、膨胀阀、压缩机、冷凝器、制冷软管、高压开关和低压开关
	298	修理包，包括磁性离合器的一套附件等
第 3 大类：变速器	300	变速器总成
	301	机械变速器壳体、变速器与发动机之间的连接部件
	311	4 速和 5 速变速器所有的齿轮、轴及换挡拨叉等
	321	自动变速器壳体
	322	自动变速器前进挡、直接挡、倒挡齿轮离合器，液力变矩器

（二）配件准备

勾选本组所领取到的配件。

活塞	飞轮	气门	正时链条
气缸盖	曲轴	凸轮轴	机油泵
正时齿轮	节温器	发电机	起动机
变速器换挡机构	转向拉杆	后减振电器	动力转向器
蓄电池	点火线圈	喇叭继电器	ABS传感器
转向组合开关	喇叭	点火开关	氧传感器

 前制动盘	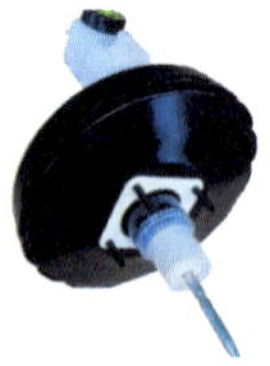 制动助力器	 轮胎	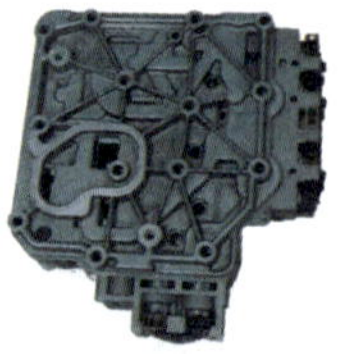 自动变速器阀体
 轮毂	 变速器齿轮	 机油滤清器	 燃油滤清器
 空气滤清器	 空调滤清器	 雨刮片	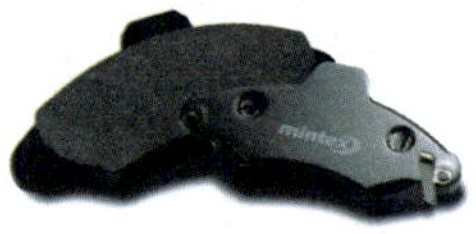 前制动片
 火花塞	 灯泡	 冷却液	 传动带

三、任务分配

分配任务，填入表 1-3。

表 1-3　　　　　　　　　　　　　　任务分配

职　务	代　码	姓　名	工作内容
组长	A		监督、管理组员工作
组员	B		准备配件号编制资料手册
	C		
	D		领取待编写配件号的配件
	E		
	F		

四、任务实施

（一）实施 1

编写领取到配件的配件号，填入表 1-4。

表 1-4　　　　　　　　　　　　　　配件号 1

序　号	配件名称	配件号
1		
2		
3		
4		
5		

（二）实施 2

编写领取到配件的配件号，填入表 1-5。

表 1-5　　　　　　　　　　　　　　配件号 2

序　号	配件名称	配件号
1		
2		
3		
4		
5		

（三）实施3

编写领取到配件的配件号，填入见表1-6。

表1-6　　　　　　　　　　　　配件号3

序　号	配件名称	配件号
1		
2		
3		
4		
5		

（四）实施4

编写领取到配件的配件号，填入表1-7。

表1-7　　　　　　　　　　　　配件号4

序　号	配件名称	配件号
1		
2		
3		
4		
5		

（五）实施5

编写领取到配件的配件号，填入表1-8。

表1-8　　　　　　　　　　　　配件号5

序号	配件名称	配件号
1		
2		
3		
4		
5		

（六）实施6

编写领取到配件的配件号，填入表1-9。

表 1-9 配件号 6

序 号	配件名称	配件号
1		
2		
3		
4		
5		

五、检 查

（一）自 检

结合本组任务实施过程，检查相关表现是否符合要求，将结果填入表 1-10。

表 1-10 自 检

检查项目	检查结果
配件名称填写是否正确	是□ 否□
配件编号编写是否正确	是□ 否□
配件组号选择是否正确	是□ 否□
配件分类是否正确	是□ 否□

（二）互 检

组与组之间相互检查，将结果填入表 1-11。

表 1-11 互 检

检查项目	检查结果
配件名称填写是否正确	是□ 否□
配件编号编写是否正确	是□ 否□
配件组号选择是否正确	是□ 否□
配件分类是否正确	是□ 否□

六、课堂小结

微课动画

实操视频

汽车配件管理任务工单

任务描述	编写配件号 ☐	计算配件订购量 ☐	订购配件 ☐	验收到货配件 ☐
	配件索赔 ☐	仓库分区 ☐	编制料位码 ☐	配件定位码放置 ☐
	配件营销 ☐	配件出库 ☐	库存盘点 ☐	盘点报告 ☐
	其他：_____			

资料选择	配件号编制表 ☐	配件采购计算表 ☐	配件订货单 ☐	配件采购合同 ☐
	配件网络营销平台 ☐	配件送货单 ☐	配件验收单 ☐	出入库登记表 ☐
	汽车配件索赔申请单 ☐	汽车配件外部销售单 ☐	汽车配件出库单 ☐	配件盘点明细表 ☐
	盘点报告 ☐	国产配件号表 ☐	进口配件号表 ☐	
	其他：_____			

配件信息	配件类型	配件名称

	配件包装检查		配件质量检查	
	破损☐		锈蚀☐	
	脏污☐		损坏☐	
	虫蛀☐		脏污☐	
	腐蚀☐		变形☐	
明确具体工作任务	_____			

一、知识讲解

（一）配件部门采购配件

配件部门定期采购配件是为了满足客户需求，及时供应零部件，以最合理的库存获取最大的经营收益。针对每个配件，确定库存数量，在考虑订货周期、在途时间、安全库存的前提下，保证及时供应配件。

（二）配件采购数量计算

月均需求采用前 6 个月的每月需求量来计算，含常规的客户预订数和流失的业务需求。

$$月均需求= \frac{N_1 \times 1 + N_2 \times 2 + N_3 \times 3 + N_4 \times 4 + N_5 \times 5 + N_6 \times 6}{1+2+3+4+5+6}$$

式中，N_1 表示往前第 6 个月的配件销售数量，N_2 表示往前第 5 个月份的配件销售数量……

到货周期是配件从订货到货物进入仓库为止时间，单位为月。

订货周期是相邻 2 次订货所间隔的时间，单位为月。

安全库存周期是考虑货期延迟和特殊需求两个因素的影响，为在仓库中保有一定量的安全库存而制定的。

$$安全库存周期 =（到货期 + 订货期）\times 0.7$$

客户预订数是无库存时的客户预订的配件数。

在库数是指订货时的现有库存配件数。

在途数是指已订货尚未到货的配件数。

$$订货量 = 月均需求 \times（到货周期 + 订货周期 + 安全库存周期）+$$

$$客户预订数 - 在库数 - 在途数$$

二、任务准备

（一）工具准备

计算器

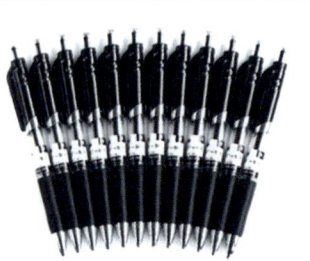

黑色水性笔

（二）资料准备

配件采购计算见表2-1。

表2-1　　　　　　　　　　　配件采购计算

序号	配件名称	月 份						库存数	在途数	客户预订数	本次订量
		1	2	3	4	5	6				
1	机油滤清器	60	75	90	110	95	80	30	0	0	
2	燃油滤清器	45	55	58	62	58	46	0	20	10	
3	空气滤清器	35	42	48	40	45	38	5	10	0	
4	制动片	12	8	15	7	14	9	4	0	2	

三、任务分配

分配任务，见表2-2。

表2-2　　　　　　　　　　　任务分配

职务	代码	姓名	工作内容
组长	A		监督、管理组员工作
组员	B		准备工具、设备和维修手册
	C		
	D		领取配件
	E		
	F		

四、任务实施

（一）实施1

计算表2-3中需要订购的配件数量。

表2-3　　　　　　　　　　　订购数量统计1

序号	配件名称	月 份						库存数	在途数	客户预订数	本次订量
		1	2	3	4	5	6				
1	活塞	34	28	57	41	39	55	18	0	0	
2	气门	15	23	19	30	28	25	8	5	0	
3	正时链条	8	6	14	9	5	0	0	2	3	
4	节温器	18	13	10	14	8	14	3	2	0	
5	连杆	6	8	5	12	9	7	0	3	2	

配件订货周期为7天，到货周期为6天

（二）实施 2

计算表 2-4 中需要订购的配件数量。

表 2-4 订购数量统计 2

序 号	配件名称	月 份						库存数	在途数	客户预订数	本次订量
		1	2	3	4	5	6				
1	蓄电池	20	16	10	15	8	6	1	3	4	
2	起动机	2	5	12	25	35	24	0	5	4	
3	喇叭	15	8	7	6	6	12	1	4	0	
4	左前照灯	28	20	32	35	27	30	9	0	14	
5	转向组合开关	5	0	3	4	5	3	1	0	1	

配件订货周期为 7 天，到货周期为 6 天

（三）实施 3

计算表 2-5 中需要订购的配件数量。

表 2-5 订购数量统计 3

序 号	配件名称	月 份						库存数	在途数	客户预订数	本次订量
		1	2	3	4	5	6				
1	离合器总成	10	12	6	6	8	4	2	0	5	
2	减振器	5	3	7	4	6	4	0	2	0	
3	制动盘	3	3	2	5	4	3	1	0	2	
4	半轴	1	0	2	3	4	3	1	1	3	
5	轮胎	20	24	12	16	18	10	6	0	0	

配件订货周期为 7 天，到货周期为 6 天

（四）实施 4

计算表 2-6 中需要订购的配件数量。

表 2-6 订购数量统计 4

序 号	配件名称	月 份						库存数	在途数	客户预订数	本次订量
		1	2	3	4	5	6				
1	汽油滤清器	120	105	114	135	124	118	30	20	0	
2	空调滤清器	58	65	60	72	68	85	35	15	8	

续表

序号	配件名称	月份						库存数	在途数	客户预订数	本次订量
		1	2	3	4	5	6				
3	润滑油	140	125	154	148	132	126	40	30	20	
4	制动液	80	65	60	72	68	50	20	10	0	
5	冷却液	105	110	94	85	73	44	30	0	0	

配件订货周期为 7 天，到货周期为 6 天

五、检 查

（一）自 检

结合本组任务实施过程，检查相关表格是否符合要求，将结果填入表 2–7。

表 2–7 自 检

检查项目	检查结果
计算公式使用是否正确	是□ 否□
配件订购数量计算是否正确	是□ 否□

（二）互 检

组与组之间相互检查，将结果填入表2–8。

表 2–8 互 检

检查项目	检查结果
计算公式使用是否正确	是□ 否□
配件订购数量计算是否正确	是□ 否□

六、课堂小结

微课动画

实操视频

汽车配件管理任务工单

任务描述	编写配件号 ☐ 计算配件订购量 ☐ 订购配件 ☐ 验收到货配件 ☐ 配件索赔 ☐ 仓库分区 ☐ 编制料位码 ☐ 配件定位码放置 ☐ 配件营销 ☐ 配件出库 ☐ 库存盘点 ☐ 盘点报告 ☐ 其他：＿＿＿＿＿＿＿＿＿＿＿＿＿＿＿＿＿＿＿＿＿＿＿＿＿＿＿

资料选择	配件号编制表 ☐ 配件采购计算表 ☐ 配件订货单 ☐ 配件采购合同 ☐ 配件网络营销平台 ☐ 配件送货单 ☐ 配件验收单 ☐ 出入库登记表 ☐ 汽车配件索赔申请单☐ 汽车配件外部销售单☐ 汽车配件出库单☐ 配件盘点明细表 ☐ 盘点报告 ☐ 国产配件号表 ☐ 进口配件号表 ☐ 其他：＿＿＿＿＿＿＿＿＿＿＿＿＿＿＿＿＿＿＿＿＿＿＿＿＿＿＿

配件信息	配件类型	配件名称

配件包装检查		配件质量检查	
破损☐		锈蚀☐	
脏污☐		损坏☐	
虫蛀☐		脏污☐	
腐蚀☐		变形☐	

明确具体 工作任务	＿＿＿＿＿＿＿＿＿＿＿＿＿＿＿＿＿＿＿＿＿＿＿＿＿＿＿＿＿＿＿ ＿＿＿＿＿＿＿＿＿＿＿＿＿＿＿＿＿＿＿＿＿＿＿＿＿＿＿＿＿＿＿

一、知识讲解

（一）配件采购

配件采购的途径分为厂家订购、店内自主采购等。配件采购的方法有到店采购、电话订购送货上门、网络/系统采购等。

网络采购是以计算机和网络技术为载体，通过网络寻找产品及供应商资源，对目标产品进行性能和价格对比，将网上信息处理和网下实际采购操作过程相结合的一种新的采购模式。这种采购模式是网络时代增强企业竞争力、降低成本、提高经济效益的最佳模式。

（二）配件订购

配件库在确认所需订购配件名称、配件号、数量等相关信息后，需要向所要购买配件的卖家提交配件订货单，以便双方进行核对和确认。

编制配件订货单的工作流程：填写配件订货单基本信息→确认配件种类及订货数量→选择运输方式→订单提交及审核→订单跟踪及缺货处理。

配件采购合同是由开头、正文、结尾构成的。开头包括合同编号、供需双方名称、签订地点、签订时间等；正文包括标的、名称、价格、数量、规格、违约责任、运输等各项费用、运输方式、结算方式、交货地点等；结尾包括合同生效日期、签订人姓名、双方公章等。

（三）发 票

发票是指一切单位、个人在购销商品，提供或接受劳务、服务，以及从事其他经营活动，所提供给对方的收付款的书面证明，是财务收支的法定凭证，是会计核算的原始依据，也是审计机关、税务机关执法检查的重要依据。

发票的作用：记录经营活动的一种原始证明；加强财务会计管理、保护国家财产安全的重要手段；税务稽查的重要依据；维护社会秩序的重要工具。

发票具有证明作用，在一定条件下又有合同的性质。发票分为普通发票和增值税发票，如图 3-1 所示。增值税发票又分为增值税普通发票和增值税专用发票。普通发票主要由增值税小规模纳税人使用，增值税一般纳税人在不能开具专用发票的情况下也可使用普通发票。增值税专用发票是国家税务部门根据增值税征收管理需要而设定的，专用于纳税人销售或者提供增值税应税项目的一种发票。增值税专用发票是可以抵扣进项税

的，一般来说有至少有三联，分别是发票联、抵扣联、记账联。增值税普通发票不可以抵扣进项税，一般来说有两联，分别是发票联和记账联。

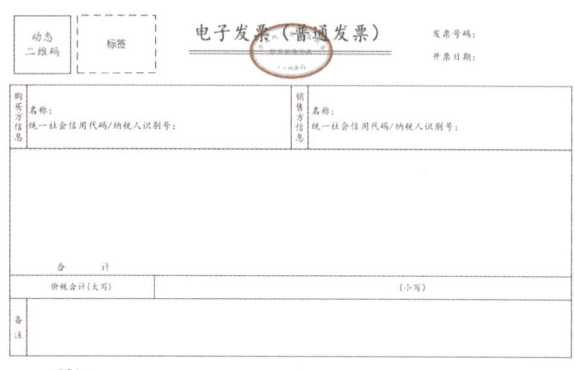 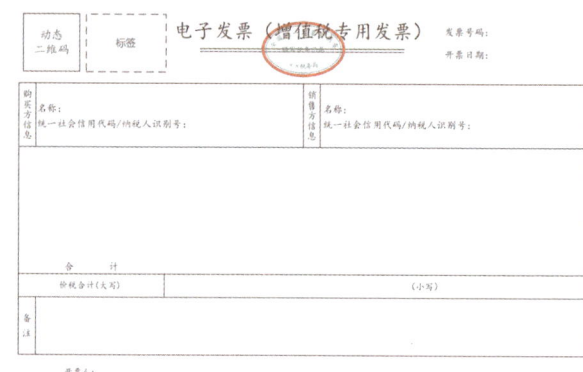

图 3-1 发　票

增值税专用发票既具有普通发票所具有的内涵，同时又具有比普通发票更特殊的作用。它不仅是记载商品销售额和增值税税额的财务收支凭证，而且是兼记销货方纳税义务和购货方进项税额的合法证明，是购货方据以抵扣税款的法定凭证，对增值税的计算起着关键性作用。

二、任务准备

（一）工具准备

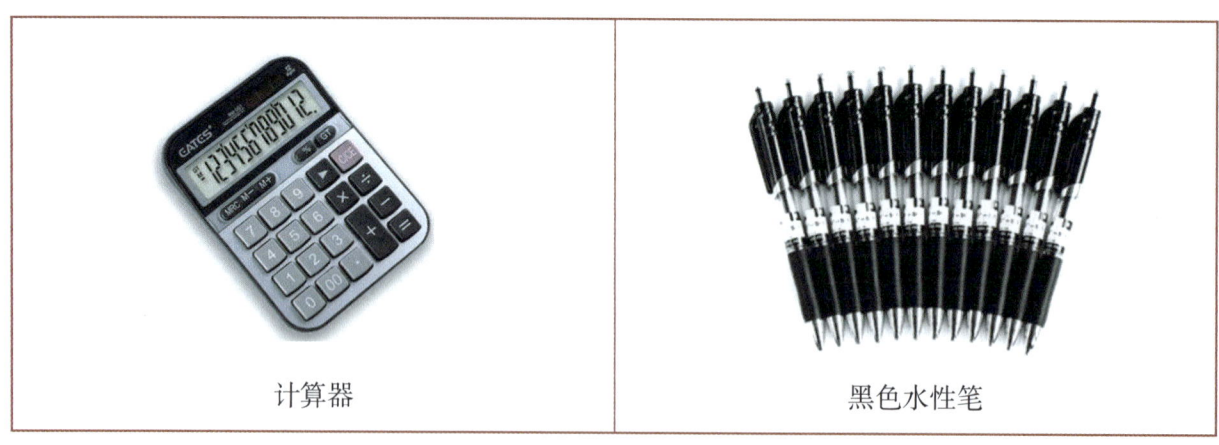

| 计算器 | 黑色水性笔 |

（二）资料准备

	配件订货单						
订单号		提货方式	□自提 □送货	订货日期		到货日期	
订单类型	□普通 □加急	供应商			订货人		
配件号		配件名称	单位	单价	数量	订货金额	
订货金额/元							

汽车配件采购合同

配件网络营销平台	配件订货单	配件采购合同

（三）配件准备

勾选本组所领取到的配件。

 活塞	 飞轮	 气门	 正时链条
 气缸盖	 曲轴	 凸轮轴	 机油泵
 正时齿轮	 节温器	 发电机	 起动机
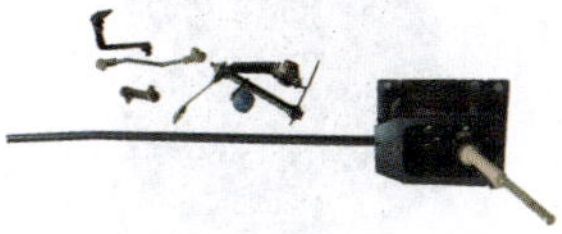 变速器换挡机构	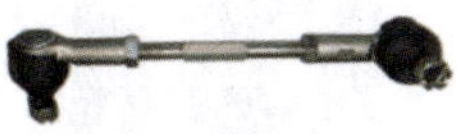 转向拉杆	 后减振器	 动力转向器

蓄电池	 点火线圈	喇叭继电器	 ABS传感器
 转向组合开关	 喇叭	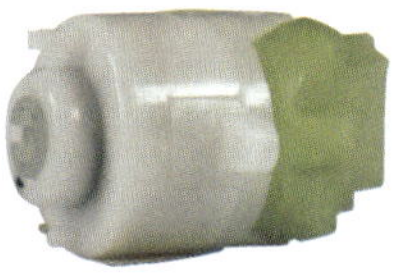 点火开关	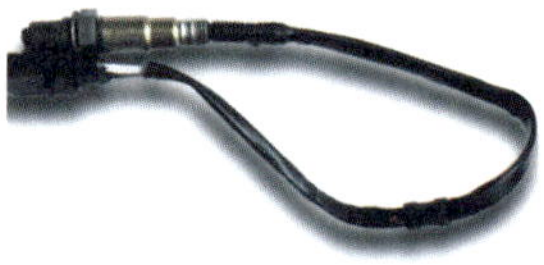 氧传感器
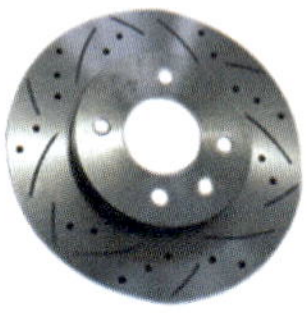 前制动盘	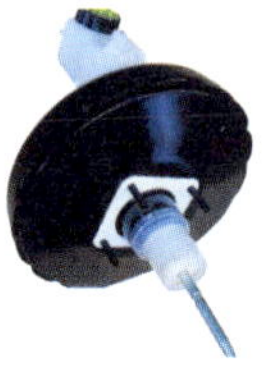 制动助力器	 轮胎	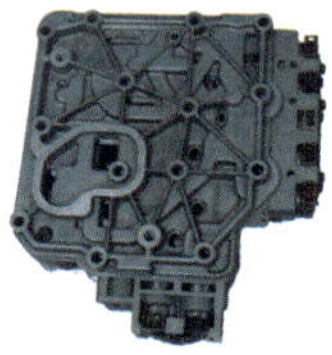 自动变速器阀体
 轮毂	 变速器齿轮	 机油滤清器	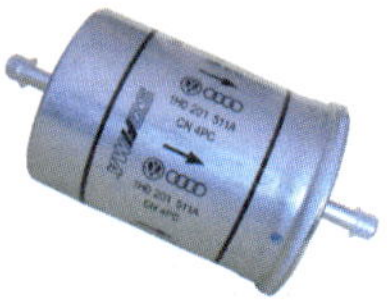 燃油滤清器
 空气滤清器	 空调滤清器	 雨刮片	前制动片
 火花塞	 灯泡	冷却液	 传动带

三、任务分配

分配任务，填入表 3-1。

表 3-1　　　　　　　　　　　　　任务分配

职　务	代　码	姓　名	工作内容
组长	A		监督、管理组员工作
组员	B		准备工具、设备和维修手册
	C		
	D		领取所要订购的配件
	E		
	F		

四、任务实施

（一）实施 1

通过网络采购平台确认配件价格、数量等内容，填写配件订货单（表 3-2），并签订配件采购合同。

表 3-2　　　　　　　　　　　　配件订货单 1

订单号			提货方式	□自提　□送货	订货日期		到货日期	
订单类型	□普通　□加急		供应商			订货人		
配件号			配件名称		单　位	单　价	数　量	订货金额
订货金额　　　　　　元								

（二）实施 2

通过网络采购平台确认配件价格、数量等内容，填写配件订货单（表 3-3），并签订配件采购合同。

表 3-3　　　　　　　　　　　　配件订货单 2

订单号			提货方式	□自提　□送货	订货日期		到货日期	
订单类型	□普通　□加急		供应商			订货人		
配件号			配件名称		单　位	单　价	数　量	订货金额

续表

配件号	配件名称	单　位	单　价	数　量	订货金额
	订货金额	元			

（三）实施3

通过网络采购平台确认配件价格、数量等内容，填写配件订货单（表3-4），并签订配件采购合同。

表3-4　　　　　　　　　　配件订货单3

订单号		提货方式	□自提　□送货	订货日期		到货日期	
订单类型	□普通　□加急	供应商			订货人		
配件号		配件名称		单　位	单　价	数　量	订货金额
		订货金额	元				

（四）实施4

通过网络采购平台确认配件价格、数量等内容，填写配件订货单（表3-5），并签订配件采购合同。

表3-5　　　　　　　　　　配件订货单4

订单号		提货方式	□自提　□送货	订货日期		到货日期	
订单类型	□普通　□加急	供应商			订货人		
配件号		配件名称		单　位	单　价	数　量	订货金额
		订货金额	元				

（五）实施5

通过网络采购平台确认配件价格、数量等内容，填写配件订货单（表3-6），并签订配件采购合同。

表 3-6　　　　　　　　　　　　　**配件订货单 5**

订单号			提货方式	□自提　□送货	订货日期		到货日期	
订单类型	□普通　□加急		供应商			订货人		
配件号			配件名称		单　位	单　价	数　量	订货金额
				订货金额		元		

（六）实施 6

签订配件采购合同。

汽车配件采购合同

合同编号：

购货方：　　　　　　　　　　　（以下简称甲方）；

供货方：　　　　　　　　　　　（以下简称乙方）。

签订地点：

为了维护甲、乙双方的合法权益，买卖双方根据《中华人民共和国民法典》及国家有关法律、法规，双方本着互惠互利、诚实信用、友好合作、共同发展的基本原则，经双方友好协商一致，同意签订本合同，共同遵守。

采购合同的关键条款

配件的品种、品牌、规格、型号、质量、数量、包装、价格等

履行的期限　　年　月　日至　　年　月　日

履行的地点和交货方式

费用负担的分摊

结算方式

违约责任

合同担保

合同的变更与解除

未尽事宜

购货方（甲方）　　　　　　　　　　供货方（乙方）

（公章）　　　　　　　　　　　　　（公章）

代表人　　　　　　　　　　　　　　代表人

地址　　　　　　　　　　　　　　　地址

电话　　　　　　　　　　　　　　　电话

　　　　年　月　日　　　　　　　　　　年　月　日

五、检 查

（一）自 检

结合本组任务实施过程，检查相关表格是否符合要求，将结果填入表3-7。

表 3-7　　　　　　　　　　　　　　　自 检

检查项目	检查结果
配件订货单填写是否正确完整	是□ 否□
配件订购相关信息填写是否正确	是□ 否□
配件订购金额是否正确	是□ 否□
汽车配件采购合同填写是否完整	是□ 否□

（二）互 检

组与组之间相互检查，将结果填入表3-8。

表 3-8　　　　　　　　　　　　　　　互 检

检查项目	检查结果
配件订货单填写是否正确完整	是□ 否□
配件订购相关信息填写是否正确	是□ 否□
配件订购金额是否正确	是□ 否□
汽车配件采购合同填写是否完整	是□ 否□

六、课堂小结

微课动画

实操视频

汽车配件管理任务工单

任务描述	编写配件号 □　　计算配件订购量 □　　订购配件 □　　验收到货配件 □ 配件索赔 □　　仓库分区 □　　编制料位码 □　　配件定位码放置 □ 配件营销 □　　配件出库 □　　库存盘点 □　　盘点报告 □ 其他：_____
资料选择	配件号编制表 □　　配件采购计算表 □　　配件订货单 □　　配件采购合同 □ 配件网络营销平台 □　　配件送货单 □　　配件验收单 □　　出入库登记表 □ 汽车配件索赔申请单 □　　汽车配件外部销售单 □　　汽车配件出库单 □　　配件盘点明细表 □ 盘点报告 □　　国产配件号表 □　　进口配件号表 □ 其他：_____

配件信息	配件类型	配件名称

配件包装检查		配件质量检查	
破损□		锈蚀□	
脏污□		损失□	
虫蛀□		脏污□	
腐蚀□		变形□	

明确具体 工作任务	_____

一、知识讲解

（一）配件验收入库

配件验收的工作流程如下：

（1）核对配件发货单与配件订货单是否一致。

（2）对配件的品种、数量、质量进行检验。

（3）填写配件验收单。若配件不合格，办理相关手续。

（4）办理入库手续。

入库验收的要求：

（1）验收要及时，尽快建卡、立账、销售，减少配件在库停留时间，缩短流转周期，加速资金周转，提高企业经济效益。

（2）验收要准确，配件入库应根据入库单所列内容与实物逐项核对，对配件外观和包装认真检查，以保证入库数量准确，防止以少报多或张冠李戴的配件混进仓库。

（3）如发现霉变、腐败、渗漏、虫蛀、鼠咬、变色、变形等异状的配件，要查清原因，做出记录，及时处理，以免扩大损失。

（4）要严格执行一货一单制，按单收货，单货同行，防止无单进仓。

（二）汽车配件检验

汽车配件检验需要检验外包装、内包装、产品标签、包装封签、内包装纸、外观质量和产品上的永久性标记等。检查外包装的时候需要检验木箱、外包装、纸箱。检查内包装即检查单个包装。检查产品标签需要检查生产厂家、配件编号、数量。

（三）识别真假配件

假配件的危害是不言而喻的，它不仅在工艺、品质上存在问题，严重时还可能危及车主和他人的生命安全。然而由于利益驱使，仿冒配件至今仍难以杜绝，配件市场上鱼龙混杂。在购买配件时，需练就一双"火眼金睛"。

识别真假配件时常用的鉴别方法：感官辨别法；从工艺质量，特别是细节处来分辨；真品比对辨别法。

二、任务准备

（一）工具准备

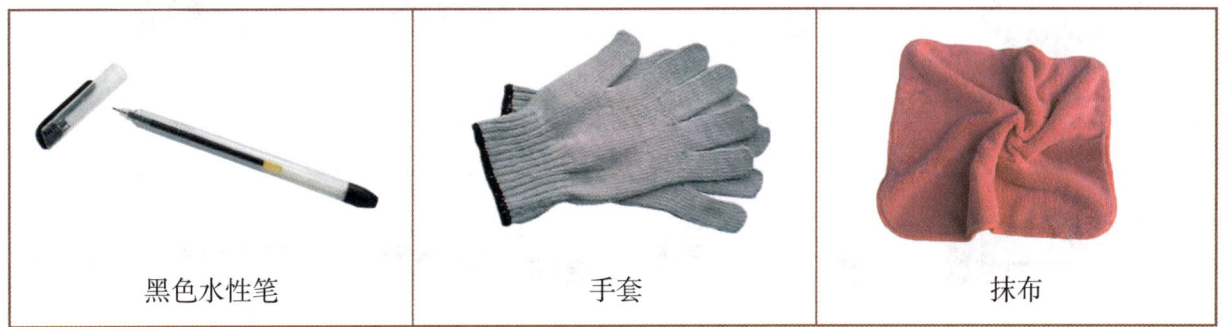

| 黑色水性笔 | 手套 | 抹布 |

（二）资料准备

| 配件送货单 | 配件订货单 | 配件验收单 | 发票 |

（三）配件准备

勾选本组所领取到的配件。

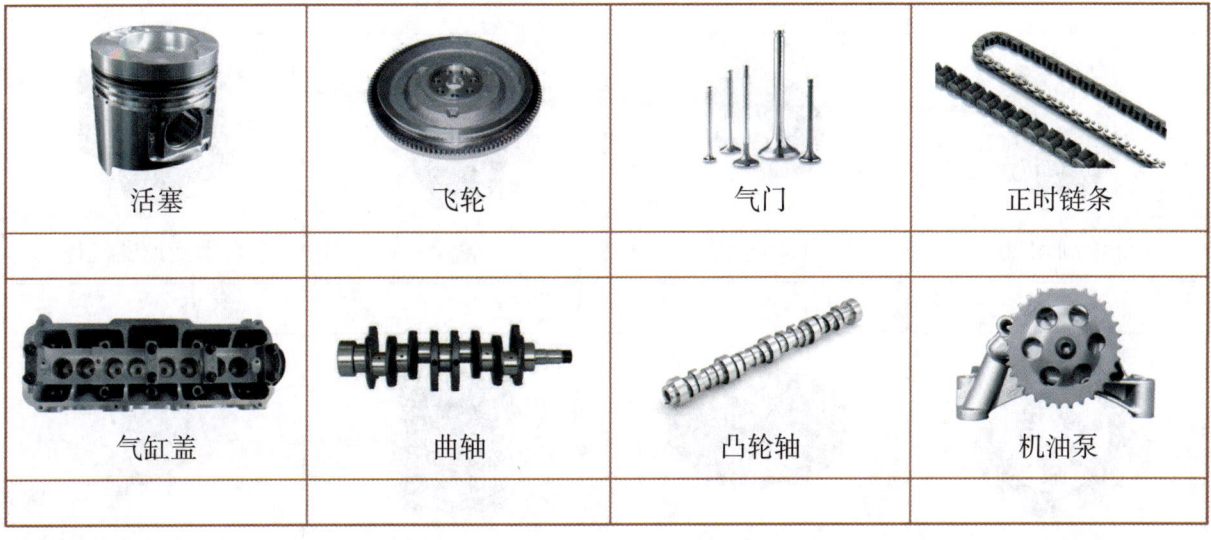

| 活塞 | 飞轮 | 气门 | 正时链条 |
| 气缸盖 | 曲轴 | 凸轮轴 | 机油泵 |

 正时齿轮	 节温器	 发电机	 起动机
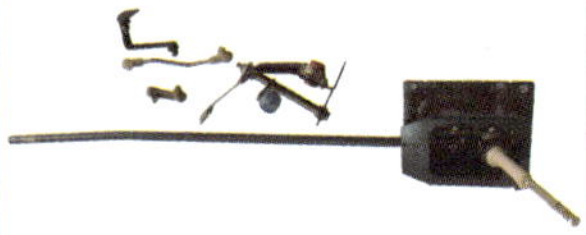 变速器换挡机构	 转向拉杆	 后减振器	 动力转向器
 蓄电池	 点火线圈	 喇叭继电器	 ABS传感器
 转向组合开关	 喇叭	 点火开关	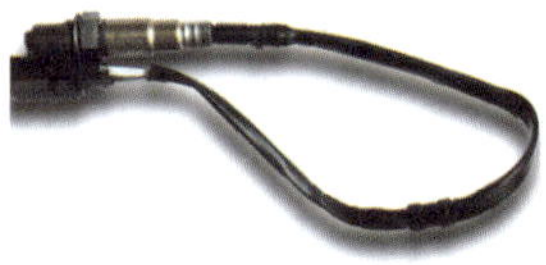 氧传感器
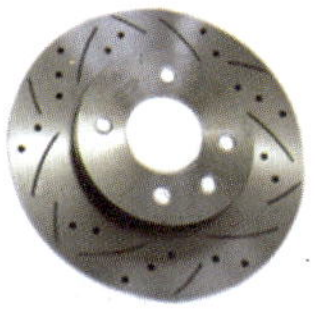 前制动盘	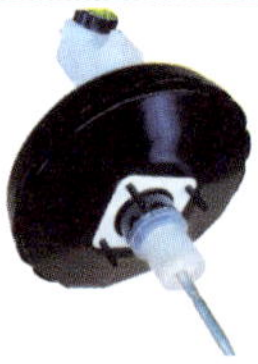 制动助力器	 轮胎	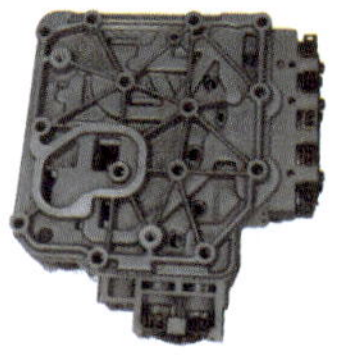 自动变速器阀体
 轮毂	 变速器齿轮	 机油滤清器	 燃油滤清器

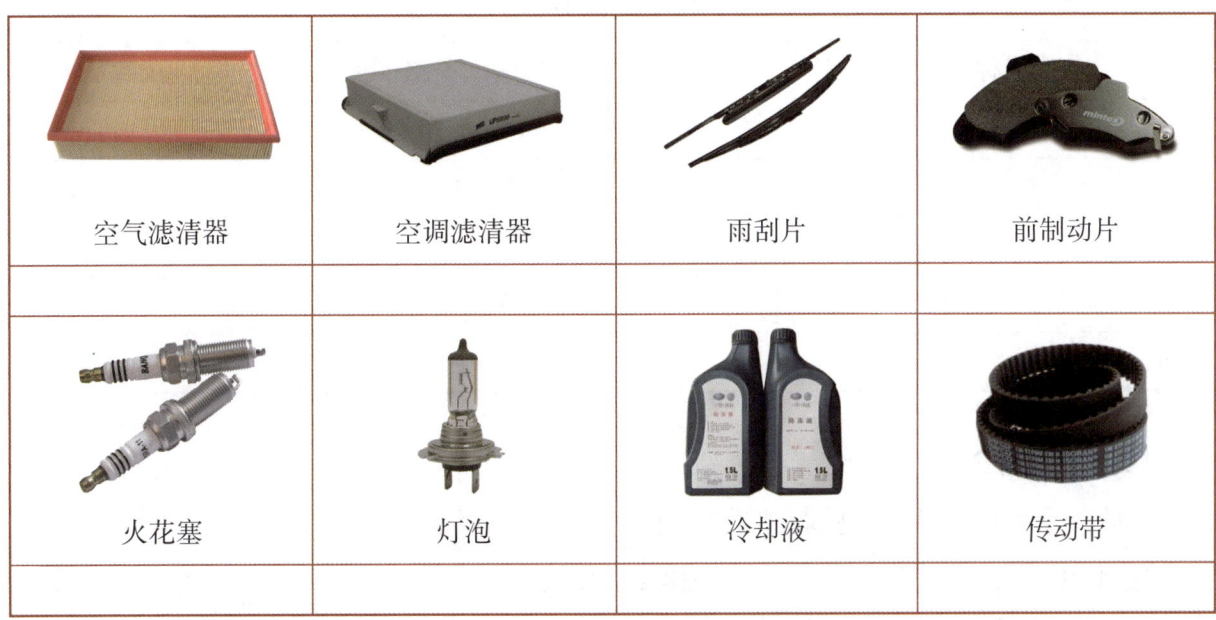

空气滤清器	空调滤清器	雨刮片	前制动片
火花塞	灯泡	冷却液	传动带

三、任务分配

分配任务，填入表4-1。

表4-1 任务分配

职　务	代　码	姓　名	工作内容
组长	A		监督、管理组员工作
组员	B		准备配件号编制资料手册
	C		
	D		领取待编制配件号的配件
	E		
	F		

四、任务实施

（一）实施1

验收领取到的配件，将验收结果填入配件验收单（表4-2）。

表4-2 配件验收单1

序 号	配件名称	配件号	数 量	质量是否合格	处理方式	备 注
1				是□ 否□		
2				是□ 否□		
3				是□ 否□		
4				是□ 否□		
5				是□ 否□		

（二）实施2

验收领取到的配件，将验收结果填入配件验收单（表4-3）。

表4-3 配件验收单2

序 号	配件名称	配件号	数 量	质量是否合格	处理方式	备 注
1				是□ 否□		
2				是□ 否□		
3				是□ 否□		
4				是□ 否□		
5				是□ 否□		

（三）实施3

验收领取到的配件，将验收结果填入配件验收单（表4-4）。

表4-4 配件验收单3

序 号	配件名称	配件号	数 量	质量是否合格	处理方式	备 注
1				是□ 否□		
2				是□ 否□		
3				是□ 否□		
4				是□ 否□		
5				是□ 否□		

（四）实施4

验收领取到的配件，将验收结果填入配件验收单（表4-5）。

表 4-5　　　　　　　　　　　　配件验收单 4

序　号	配件名称	配件号	数　量	质量是否合格	处理方式	备　注
1				是□　否□		
2				是□　否□		
3				是□　否□		
4				是□　否□		
5				是□　否□		

（五）实施 5

验收领取到的配件，将验收结果填入配件验收单（表 4-6）。

表 4-6　　　　　　　　　　　　配件验收单 5

序　号	配件名称	配件号	数　量	质量是否合格	处理方式	备　注
1				是□　否□		
2				是□　否□		
3				是□　否□		
4				是□　否□		
5				是□　否□		

五、检　查

（一）自　检

结合本组任务实施过程，检查相关表格是否符合要求，将结果填入表 4-7。

表 4-7　　　　　　　　　　　　自　检

检查项目	检查结果
是否在配件验收过程中检验出真假件	是□　否□
配件送货单与发货单、实际到货配件是否一致	是□　否□
配件是否异常或损坏	是□　否□
配件验收单填写是否正确	是□　否□

（二）互 检

组与组之间相互检查，将结果填入表4-8。

表4-8　　　　　　　　　互 检

检查项目	检查结果
是否在配件验收过程中检验出真假件	是□　否□
配件送货单与发货单、实际到货配件是否一致	是□　否□
配件是否异常或损坏	是□　否□
配件验收单填写是否正确	是□　否□

六、课堂小结

微课动画

实操视频

汽车配件管理任务工单

任务描述	编写配件号 ☐　　计算配件订购量 ☐　　订购配件 ☐　　验收到货配件 ☐ 配件索赔 ☐　　仓库分区 ☐　　编制料位码 ☐　　配件定位码放置 ☐ 配件营销 ☐　　配件出库 ☐　　库存盘点 ☐　　盘点报告 ☐ 其他：_____ _____
资料选择	配件号编制表 ☐　　配件采购计算表 ☐　　配件订货单 ☐　　配件采购合同 ☐ 配件网络营销平台 ☐　　配件送货单 ☐　　配件验收单 ☐　　出入库登记表 ☐ 汽车配件索赔申请单 ☐　　汽车配件外部销售单 ☐　　汽车配件出库单 ☐　　配件盘点明细表 ☐ 盘点报告 ☐　　国产配件号表 ☐　　进口配件号表 ☐ 其他：_____ _____

配件信息	配件类型	配件名称

	配件包装检查		配件质量检查	
破损☐		锈蚀☐	
脏污☐		损坏☐	
虫蛀☐		脏污☐	
腐蚀☐		变形☐	

明确具体 工作任务	_____ _____

一、知识讲解

（一）汽车配件索赔

汽车配件索赔是指所订购的配件在收货但未使用状态下出现损坏、异常等情况，需要向供货商进行退换的工作。

配件索赔的原则如下：

（1）严禁将不属于索赔范围的汽车配件上报索赔。

（2）索赔时间严格限定。

（3）立即进行鉴定，尽快出具索赔申请单和有关的证明材料，并向供货商申请。

（4）索赔件包赔后原件归供货商所有。

（5）玻璃、塑料件等易碎件原则上不予索赔，但可视情况考虑索赔，供货商仅支付供货价和索赔件返回时的运费。

（二）汽车配件索赔范围与期限

汽车配件索赔范围与期限见表5-1。

表5-1　　　　　　　　　　汽车配件索赔范围与期限

索赔因素	索赔代码	索赔说明	索赔期限
多供货	ZKC2	实发配件数量多于交接清单配件数量	到货7日内
少供货	ZKA1	实发配件数量少于交接清单配件数量	到货7日内
配件质量缺陷	ZKE1	配件不能达到正常使用要求，如尺寸偏差、颜色偏差、功能失效等	到货60日内
损坏	ZKF1	配送的附件、散件、易损易碎件和配件装在容器的装载质量应当场交接清楚，如有索赔，应保留交接双方认可的求证依据	即时
		装在容器（台车、周转箱等）内的配件损坏	到货3日内
错件	ZKG1	收到的配件与订购的配件号码一致，但实物不一致	到货60日内
	ZKD1	收到的配件为非订购配件，且不能用	
	ZKD2	收到的配件为非订购配件，但可以用	
其他	ZKX3	不属于以上索赔因素的索赔	到货60日内

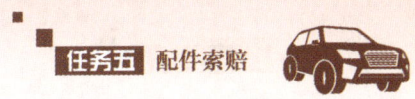
（三）汽车配件索赔申请单

汽车配件索赔申请单见表5-2。

表 5-2   汽车配件索赔申请单

到货日期		申请日期	
订单号		申请人	
配件名称	配件号	索赔原因/索赔代码	索赔要求
			☐更换　☐退货
			☐更换　☐退货
			☐更换　☐退货

二、任务准备

（一）资料准备

汽车配件索赔申请单			
到货日期		申请日期	
订单号		申请人	
配件名称	配件号	索赔原因/索赔代码	索赔要求
			☐更换　☐退货
			☐更换　☐退货
			☐更换　☐退货

（二）工具准备

抹布	手套

（三）配件准备

勾选本组所领取到的配件。

活塞	飞轮	气门	正时链条
气缸盖	曲轴	凸轮轴	机油泵
正时齿轮	节温器	发电机	起动机
变速器换挡机构	转向拉杆	后减振器	动力转向器
蓄电池	点火线圈	喇叭继电器	ABS传感器

 转向组合开关	 喇叭	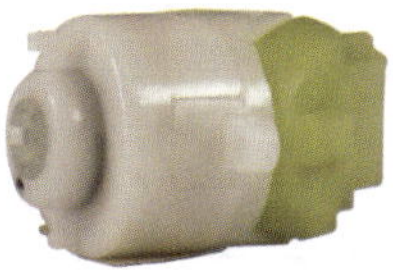 点火开关	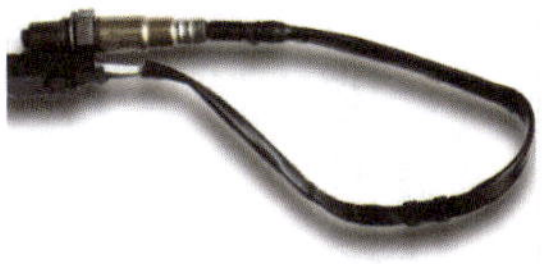 氧传感器
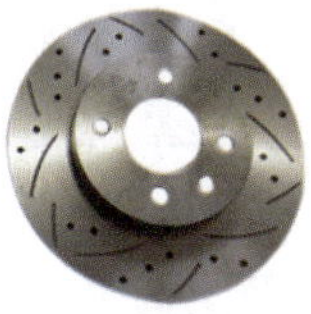 前制动盘	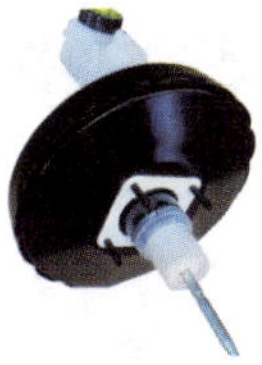 制动助力器	 轮胎	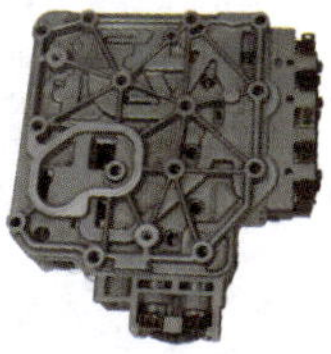 自动变速器阀体
 轮毂	 变速器齿轮	 机油滤清器	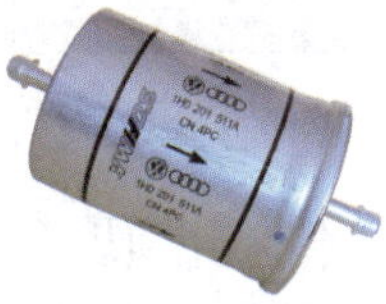 燃油滤清器
 空气滤清器	 空调滤清器	 雨刮片	 前制动片
 火花塞	 灯泡	 冷却液	 传动带

三、任务分配

分配任务填入表5-3。

表5-3 任务分配

职 务	代 码	姓 名	工作内容
组长	A		监督、管理组员工作
组员	B		准备工具、设备、单据
	C		
	D		领取配件
	E		
	F		

四、任务实施

（一）实施1

将本组领取到的配件进行验收分析，并将有问题的配件进行索赔处理，见表5-4。

表5-4 汽车配件索赔申请单1

到货日期		申请日期		
订单号		申请人		
配件名称	配 件 号	索赔原因/索赔代码		索赔要求
				□更换 □退货
				□更换 □退货
				□更换 □退货

（二）实施2

将本组领取到的配件进行验收分析，并将有问题的配件进行索赔处理，见表5-5。

表5-5 汽车配件索赔申请单2

到货日期		申请日期		
订单号		申请人		
配件名称	配 件 号	索赔原因/索赔代码		索赔要求
				□更换 □退货
				□更换 □退货
				□更换 □退货

（三）实施 3

将本组领取到的配件进行验收分析，并将有问题的配件进行索赔处理，见表5-6。

表 5-6　　　　　　　　　汽车配件索赔申请单 3

到货日期		申请日期	
订单号		申请人	
配件名称	配 件 号	索赔原因/ 索赔代码	索赔要求
			☐ 更换　☐ 退货
			☐ 更换　☐ 退货
			☐ 更换　☐ 退货

（四）实施 4

将本组领取到的配件进行验收分析，并将有问题的配件进行索赔处理，见表5-7。

表 5-7　　　　　　　　　汽车配件索赔申请单 4

到货日期		申请日期	
订单号		申请人	
配件名称	配 件 号	索赔原因/ 索赔代码	索赔要求
			☐ 更换　☐ 退货
			☐ 更换　☐ 退货
			☐ 更换　☐ 退货

（五）实施 5

将本组领取到的配件进行验收分析，并将有问题的配件进行索赔处理，见表5-8。

表 5-8　　　　　　　　　汽车配件索赔申请单 5

到货日期		申请日期	
订单号		申请人	
配件名称	配 件 号	索赔原因/ 索赔代码	索赔要求
			☐ 更换　☐ 退货
			☐ 更换　☐ 退货
			☐ 更换　☐ 退货

五、检 查

（一）自 检

结合本组任务实施过程，检查相关表格是否符合要求，将结果填入表 5-9。

表 5-9　　　　　　　　　　　　自 检

检查项目	检查结果
是否能在配件验收过程中检验出问题配件	是□　否□
索赔原因和代码选择是否正确、恰当	是□　否□
配件索赔申请单填写是否正确	是□　否□

（二）互 检

组与组之间相互检查，将结果填入表 5-10。

表 5-10　　　　　　　　　　　　互 检

检查项目	检查结果
是否能在配件验收过程中检验出问题配件	是□　否□
索赔原因和代码选择是否正确、恰当	是□　否□
配件索赔申请单填写是否正确	是□　否□

六、课堂小结

微课动画

实操视频

汽车配件管理任务工单

<table>
<tr><th rowspan="4">任务描述</th><td>编写配件号 □</td><td>计算配件订购量 □</td><td>订购配件 □</td><td>验收到货配件 □</td></tr>
<tr><td>配件索赔 □</td><td>仓库分区 □</td><td>编制料位码 □</td><td>配件定位码放置 □</td></tr>
<tr><td>配件营销 □</td><td>配件出库 □</td><td>库存盘点 □</td><td>盘点报告 □</td></tr>
<tr><td colspan="4">其他:_____
_____</td></tr>
</table>

<table>
<tr><th rowspan="5">资料选择</th><td>配件号编制表 □</td><td>配件采购计算表 □</td><td>配件订货单 □</td><td>配件采购合同 □</td></tr>
<tr><td>配件网络营销平台 □</td><td>配件送货单 □</td><td>配件验收单 □</td><td>出入库登记表 □</td></tr>
<tr><td>汽车配件索赔申请单 □</td><td>汽车配件外部销售单 □</td><td>汽车配件出库单 □</td><td>配件盘点明细表 □</td></tr>
<tr><td>盘点报告 □</td><td>国产配件号表 □</td><td>进口配件号表 □</td><td></td></tr>
<tr><td colspan="4">其他:_____
_____</td></tr>
</table>

<table>
<tr><th rowspan="5">配件信息</th><th>配件类型</th><th colspan="3">配件名称</th></tr>
<tr><td></td><td colspan="3"></td></tr>
<tr><td></td><td colspan="3"></td></tr>
<tr><td></td><td colspan="3"></td></tr>
<tr><td></td><td colspan="3"></td></tr>
</table>

<table>
<tr><th colspan="2">配件包装检查</th><th colspan="2">配件质量检查</th></tr>
<tr><td>破损□</td><td rowspan="4"></td><td>锈蚀□</td><td rowspan="4"></td></tr>
<tr><td>脏污□</td><td>损坏□</td></tr>
<tr><td>虫蛀□</td><td>脏污□</td></tr>
<tr><td>腐蚀□</td><td>变形□</td></tr>
<tr><th>明确具体
工作任务</th><td colspan="3">_____
_____</td></tr>
</table>

一、知识讲解

（一）配件仓库的构成

一个配件仓库通常由存储区、卸货区和行政区三大部分组成。存储区是配件存储的主要场所；卸货区是配件运输到厂后卸车的场地，用于暂时存放未上架的配件；行政区是仓库管理人员办公的区域及配件出库窗口。

（二）配件仓库规划的基本要求

仓库应有明显的配件销售出货口、车间领料出货口标牌，发料室、备货区、危险品仓库等应有足够的进货、发货通道和配件周转区域；货架要整齐摆放，仓库的每一条过道都要有明显的标示，货架应有位置码，货位要标明配件号和配件名称。

不宜将配件堆放在地上，为避免配件锈蚀及磕碰，必须保持其完好的原包装。易燃易爆配件应与其他配件严格分开管理，存放时要考虑防火、通风等问题。仓库内应有明显的防火标志、齐备的消防设施。

非仓库人员不得随便进入仓库内，仓库内不得摆放私人物品。索赔件必须单独存放。

（三）存储区设计的要求

存储区是仓库的主要部分，是配件存储的主要场所，包括存储货架、通道等。

货架摆放的基本要求如下：

（1）货架需采用钢制材料制作，货架颜色应统一。小货架可以不限制制作材料，但必须保证安全耐用。

（2）仓库存内至少设1条主通道，主通道能清楚地从一端看到另一端，每8 m连续货架就要有一条主通道。主通道的宽度为1.5 m才能保证运输移动自如，不会勾挂边角，满足大配件的运输。

（3）货架与货架之间要设有通道，也称为副通道或辅助通道，需满足两人双向行走畅通无阻碍，并且平板推车可以顺利通过，因此辅助通道宽度应为0.8～1.0 m。

（4）在窗边，货架要离墙0.8 m，以免遮住光线，并作为紧急出口。

（四）卸货区的设计要求

卸货区是提供给配件运输车辆装卸配件的场地。为便于配件的入库，卸货区一般设在仓库大门一侧，便于运输配件的车辆停靠。卸货区有一定的空间要求，用于配件卸货而未入库上架前暂时的堆放，其高度和宽度应根据运输工具和作业方式而定。

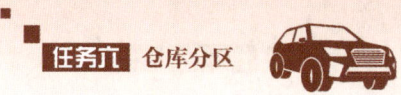

（五）行政区的设计要求

行政区也称为办公区，是仓库行政管理机构的工作区域。行政区一般设在仓库与维修车间衔接的地方，是业务接洽和管理的办公区域及仓库对维修车间发货的窗口，主要设有出库前台和配件管理主管办公室等。

二、任务准备

A4硬纸板	口取纸	胶棒	磁性标签
直尺	荧光笔	剪刀	透明胶

三、任务分配

分配任务，填入表6-1。

表 6-1　　　　　　　　　任务分配

职务	代码	姓名	工作内容
组长	A		监督、管理组员工作
组员	B		准备工具、设备
	C		
	D		起草和设计配件库模型
	E		
	F		

四、任务实施

各组分别设计本组的配件仓库模型，并进行模型制作，将制作成果拍摄照片填入表 6-2。

表 6-2　　　　　　　　　　配件仓库模型设计

货架	存储区	卸货区	行政区
主通道	副通道	仓库整体	消防设施

五、检　查

（一）自　检

结合本组任务实施过程，检查相关表格是否符合要求，将结果填入表 6-3。

表 6-3　　　　　　　　　　自　检

检查项目	检查结果
仓库区域设计是否合理	是□　否□
货架摆放是否恰当	是□　否□
主通道、副通道设计是否合理	是□　否□
仓库内是否有消防设施	是□　否□

（二）互　检

组与组之间相互检查，将结果填入表 6-4。

表 6-4　　　　　　　　　　互　检

检查项目	检查结果
仓库区域设计是否合理	是□　否□
货架摆放是否恰当	是□　否□
主通道、副通道设计是否合理	是□　否□
仓库内是否有消防设施	是□　否□

六、课堂小结

微课动画

实操视频

任务七　编制料位码

汽车配件管理任务工单				
任务描述	编写配件号 □　　　计算配件订购量 □　　　订购配件 □　　　验收到货配件 □ 配件索赔 □　　　　仓库分区 □　　　　编制料位码 □　　　配件定位码放置 □ 配件营销 □　　　　配件出库 □　　　　库存盘点 □　　　盘点报告 □ 其他：＿＿＿＿＿＿＿＿＿＿＿＿＿＿＿＿＿＿＿＿＿＿＿＿＿＿＿＿＿＿＿＿＿			
资料选择	配件号编制表 □　　　配件采购计算表 □　　　配件订货单 □　　　配件采购合同 □ 配件网络营销平台 □　　配件送货单 □　　　　配件验收单 □　　　出入库登记表 □ 汽车配件索赔申请单 □　汽车配件外部销售单 □　汽车配件出库单 □　配件盘点明细表 □ 盘点报告 □　　　　　国产配件号表 □　　　　进口配件号表 □ 其他：＿＿＿＿＿＿＿＿＿＿＿＿＿＿＿＿＿＿＿＿＿＿＿＿＿＿＿＿＿＿＿＿＿			

配件信息	配件类型		配件名称		

	配件包装检查			配件质量检查	
	破损 □			锈蚀 □	
	脏污 □			损坏 □	
	虫蛀 □			脏污 □	
	腐蚀 □			变形 □	
明确具体 工作任务	＿＿＿＿＿＿＿＿＿＿＿＿＿＿＿＿＿＿＿＿＿＿＿＿＿＿＿＿＿＿＿＿＿＿＿＿＿＿＿				

一、知识讲解

（一）料位码

料位码是标明配件存放准确位置的代码，用三维坐标表示。每个三维坐标都可以找到唯一的空间位置与其相对应。

（二）料位码的编制和体现

料位码的编制形式如下：

分区号–列号–货架号–层号

其中，分区号一般为字母，表示处于仓库中的哪个分区；列号为数字，表示位于第几列货架；货架号为数字或字母，表示处于每列货架的第几个货架。层号用数字表示，表示处于每个货架的第几层。例如，图7-1中标注五角星位置的料位码为A-03-01-02。

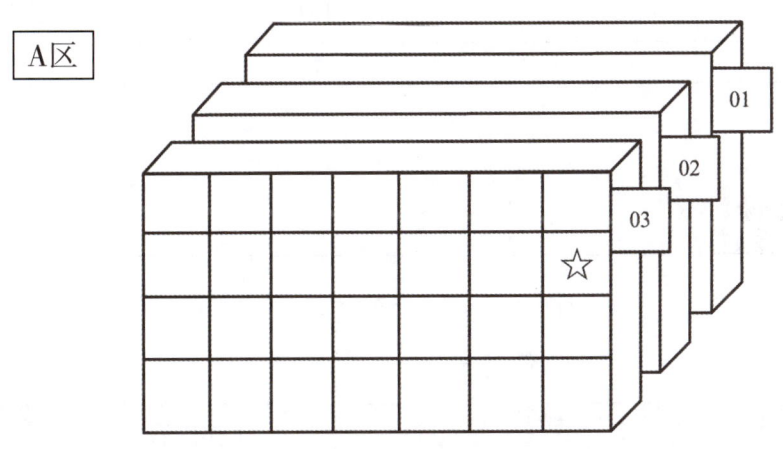

图7-1 料位码

（三）仓库分区

仓库分区可以按配件作用划分，如发动机区、电器区、钣金区、油液区等；也可以按品牌或车型划分，如比亚迪区、一汽大众区等；还可以按配件流通速度划分，如临时维护用区、常用区、发动机大修区等。

二、任务准备

勾选本组所领取到的材料。

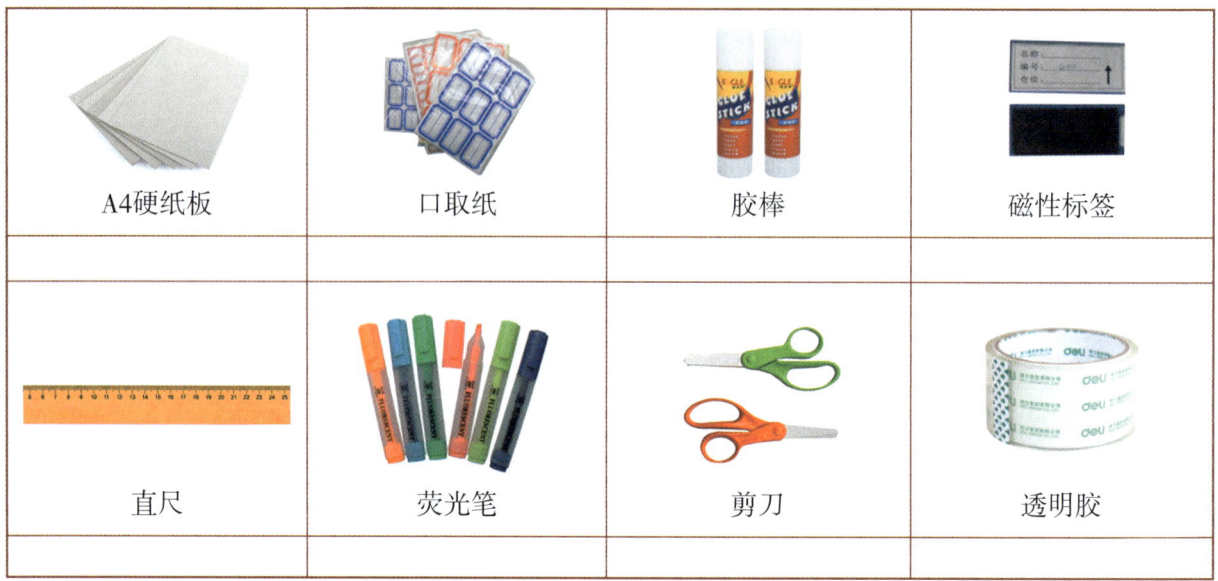

A4硬纸板	口取纸	胶棒	磁性标签
直尺	荧光笔	剪刀	透明胶

三、任务分配

分配任务，填入表 7-1。

表 7-1　　　　　　　　　　　　任务分配

职　务	代　码	姓　名	工作内容
组长	A		监督、管理组员工作
组员	B		准备工具、设备
	C		
	D		结合教师给出的货架进行料位码编制
	E		
	F		

四、任务实施

各组分别对模型货架与实际货架进行对比设计，将货架进行分区，并编制料位码；对实际货架进行料位码编制。将任务实施结果拍摄照片，填入表 7-2。

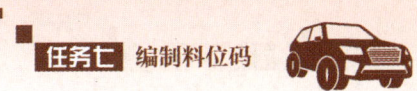

表 7-2 任务实施

货架分区	模型货架料位码编制
模型货架料位码编制	模型货架料位码编制
模型货架料位码编制	模型货架料位码编制
模型货架料位码编制	模型货架料位码编制
模型货架料位码编制	模型货架料位码编制
实际货架料位码编制	实际货架料位码编制

五、检 查

（一）自 检

结合本组任务实施过程，检查相关表格是否符合要求，将结果填入表 7-3。

表 7-3　　　　　　　　　　　　　自 检

检查项目	检查结果
配件库货架区域划分是否正确	是□　否□
货架摆放是否恰当	是□　否□
料位码编制是否合理	是□　否□

（二）互 检

组与组之间相互检查，将结果填入表 7-4。

表 7-4　　　　　　　　　　　　　互 检

检查项目	检查结果
配件库货架区域划分是否正确	是□　否□
货架摆放是否恰当	是□　否□
料位码编制是否合理	是□　否□

六、课堂小结

微课动画

实操视频

任务八　配件定位码放置

汽车配件管理任务工单							
任务描述	编写配件号 □		计算配件订购量 □		订购配件 □		验收到货配件 □
	配件索赔 □		仓库分区 □		编制料位码 □		配件定位码放置 □
	配件营销 □		配件出库 □		库存盘点 □		盘点报告 □
	其他：_____						

资料选择	配件号编制表 □	配件采购计算表 □	配件订货单 □	配件采购合同 □
	配件网络营销平台 □	配件送货单 □	配件验收单 □	出入库登记表 □
	汽车配件索赔申请单 □	汽车配件外部销售单 □	汽车配件出库单 □	配件盘点明细表 □
	盘点报告 □	国产配件号表 □	进口配件号表 □	
	其他：_____			

配件信息	配件类型	配件名称

配件包装检查		配件质量检查	
破损□		锈蚀□	
脏污□		损坏□	
虫蛀□		脏污□	
腐蚀□		变形□	
明确具体工作任务			

一、知识讲解

（一）配件入库

配件入库的工作流程为入库搬运、安排货位、堆码摆放、入库登记。

入库时分库的原则：按车型分库，即按不同车型分库存放配件；按品种分库，即所有配件不分车型，一律按部、系、品种顺序分库；按经营单位分库，一个库区内可以同时存储两家以上经营单位的配件。

（二）配件码放

配件码放要保证人、配件与仓库的安全，要便于配件出库、入库操作。码放时应注意：

（1）保证安全物距，仓库内货垛与内墙间大于 0.3 m，货垛与柱子间大于 0.1~0.2 m，货垛相互之间为 0.5 m 左右。仓库外，货垛与外墙的距离大于 0.5 m，可避免配件受潮，同时又可减轻墙角的负荷。

（2）堆码美观整齐，堆垛要稳，不偏不斜，不歪不侧，货垛货架排列有序，上下左右摆放整齐，做到横看成行，竖看成线。堆码时包装上的产品标志朝外，不得倒置，发现包装破损，及时调换。

（3）质量小、体积大的配件单独存放。堆码时注意适当控制高度，不要以重压轻，以防倾倒。易碎变形的配件更不可重压，以保证其安全。

（4）露天存放配件时，应上盖下垫，顶不漏雨，下不浸水，四周要通风，排水应良好。

（5）卡物相符：五五堆码，有动必对。大批量配件可设分堆、建分卡，力求整齐，并分层标明细数，便于做到过目成数，使发货、核对方便。

（三）特殊配件存放要求

（1）因为橡胶与油类接触，会膨胀、老化，加速损坏报废，所以轮胎、水管接头、V 带等橡胶制品应单独存放，避免沾油。

（2）干式、纸式空气滤芯以及干式离合器、制动片应避免沾灰尘、油。

（3）风扇带、发动机带沾上油会引起打滑，应悬挂存放。

（4）蓄电池存储时，需防止重叠过多和碰撞而受损。蓄电池储存期应在半年内。

（5）减振器应垂直存放。

（6）电器配件、橡胶制品、丝绒内饰不能碰撞和重压。

（7）软木纸、毛毡制品、丝绒内饰要保持干燥，在包装内放置樟脑丸，防止霉变及虫蛀。

（四）入库登记的工作内容

产品经验收无误后应立即办理入库手续，进行登记建档，妥善保管产品的各种证件、账单资料等。

二、任务准备

（一）资料准备

出入库登记表

序号	配件名称	配件号	料位码	日期：		日期：		日期：		日期：		日期：	
				进	出	进	出	进	出	进	出	进	出

（二）工具准备

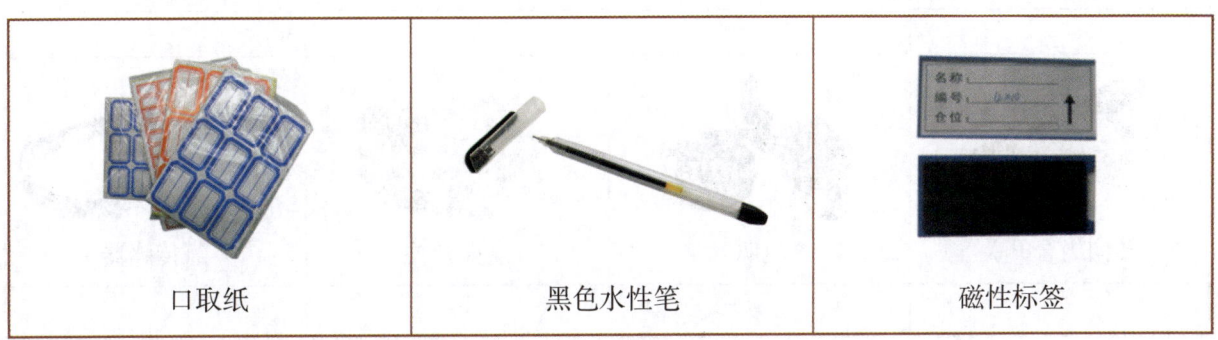

| 口取纸 | 黑色水性笔 | 磁性标签 |

（三）配件准备

勾选本组所领取到的配件。

 活塞	 飞轮	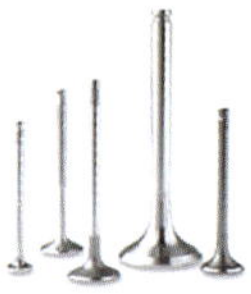 气门	 正时链条
 气缸盖	 曲轴	 凸轮轴	 机油泵
 正时齿轮	 节温器	 发电机	 起动机
 变速器换挡机构	 转向拉杆	 后减振器	 动力转向器
 蓄电池	 点火线圈	 喇叭继电器	 ABS传感器
 转向组合开关	 喇叭	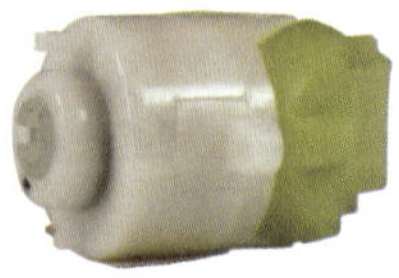 点火开关	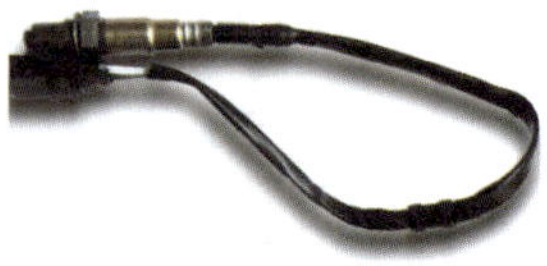 氧传感器

 前制动盘	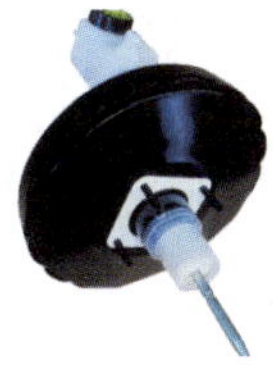 制动助力器	 轮胎	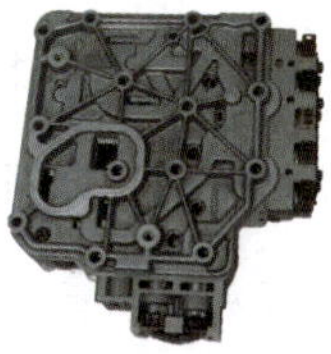 自动变速器阀体
 轮毂	 变速器齿轮	 机油滤清器	 燃油滤清器
 空气滤清器	 空调滤清器	 雨刮片	 前制动片
 火花塞	 灯泡	 冷却液	 传动带

三、任务分配

分配任务，填入表8-1。

表 8-1　　　　　　　　　　　　任务分配

职　务	代　码	姓　名	工作内容
组长	A		监督、管理组员工作
组员	B		准备工具、设备、单据
	C		
	D		领取配件
	E		
	F		

四、任务实施

（一）实施1

各组分别将领取的配件放置到货架上，并在磁性标签中填写完整的配件信息、料位码等。配件入库后填写配件出入库登记表，见表8-2。

表8-2　　　　　　　　　　出入库登记表1

序号	配件名称	配件号	料位码	日期：	
				进	出
1					
2					
3					
4					
5					
6					
7					
8					
9					
10					

（二）实施2

各组分别将领取的配件放置到货架上，并在磁性标签中填写完整的配件信息、料位码等。配件入库后填写配件出入库登记表，见表8-3。

表8-3　　　　　　　　　　出入库登记表2

序号	配件名称	配件号	料位码	日期：	
				进	出
1					
2					
3					
4					
5					
6					
7					
8					
9					
10					

（三）实施3

各组分别将领取的配件放置到货架上，并在磁性标签中填写完整的配件信息、料位码等。配件入库后填写配件出入库登记表，见表8-4。

表 8-4 出入库登记表 3

序号	配件名称	配件号	料位码	日期：	
				进	出
1					
2					
3					
4					
5					
6					
7					
8					
9					
10					

（四）实施4

各组分别将领取的配件放置到货架上，并在磁性标签中填写完整的配件信息、料位码等。配件入库后填写配件出入库登记表，见表8-5。

表 8-5 出入库登记表 4

序号	配件名称	配件号	料位码	日期：	
				进	出
1					
2					
3					
4					
5					
6					
7					
8					
9					
10					

（五）实施 5

各组分别将领取的配件放置到货架上，并在磁性标签中填写完整的配件信息、料位码等。配件入库后填写配件出入库登记表，见表 8-6。

表 8-6　　　　　　　　　　出入库登记表 5

序号	配件名称	配件号	料位码	日期：	
				进	出
1					
2					
3					
4					
5					
6					
7					
8					
9					
10					

五、检　查

（一）自　检

结合本组任务实施过程，检查相关表格是否符合要求，将结果填入表 8-7。

表 8-7　　　　　　　　　　自　检

检查项目	检查结果
配件摆放是否合理	是□　否□
料位码填写是否正确完整	是□　否□
出入库记录表填写是否正确	是□　否□

（二）互　检

组与组之间相互检查，将结果填入表 8-8。

表 8-8　　　　　　　　　　互　检

检查项目	检查结果
配件摆放是否合理	是□　否□
料位码填写是否正确完整	是□　否□
出入库记录表填写是否正确	是□　否□

六、课堂小结

微课动画

实操视频

汽车配件管理任务工单

任务描述	编写配件号 □　　计算配件订购量 □　　订购配件 □　　验收到货配件 □ 配件索赔 □　　仓库分区 □　　编制料位码 □　　配件定位码放置 □ 配件营销 □　　配件出库 □　　库存盘点 □　　盘点报告 □ 其他：＿＿＿＿＿＿＿＿＿＿＿＿＿＿＿＿＿＿＿＿＿＿＿＿＿＿＿＿＿＿＿＿＿＿＿
资料选择	配件号编制表 □　　配件采购计算表 □　　配件订货单 □　　配件采购合同 □ 配件网络营销平台 □　　配件送货单 □　　配件验收单 □　　出入库登记表 □ 汽车配件索赔申请单 □　　汽车配件外部销售单 □　　汽车配件出库单 □　　配件盘点明细表 □ 盘点报告 □　　国产配件号表 □　　进口配件号表 □ 其他：＿＿＿＿＿＿＿＿＿＿＿＿＿＿＿＿＿＿＿＿＿＿＿＿＿＿＿＿＿＿＿＿＿＿＿

配件信息	配件类型	配件名称

配件包装检查		配件质量检查	
破损□		锈蚀□	
脏污□		损坏□	
虫蛀□		脏污□	
腐蚀□		变形□	
明确具体工作任务			

一、知识讲解

（一）汽车配件销售的特点

汽车配件销售的特点：具有较强的专业技术性；经营品种多样化；经营必须有相当数量的库存支持；经营必须有服务相配套；具有一定的季节性；具有一定的地域性。

（二）门市销售

（1）门市销售是通过陈列样品，加深顾客对配件的了解，以便于上门选购。此种销售模式对新产品和通用产品能起到极大的宣传作用。

（2）门市销售商品陈列的方式：橱窗商品陈列；柜台、货架商品陈列；壁挂陈列；平地陈列。

（3）商品陈列的要求：易于顾客辨认，满足客户要求；库有柜有，明码标价；定位定量摆放；分类、分等级摆放；连带商品摆放。

（三）网络营销

网络营销是指企业通过互联网实现产品销售的一种模式，通过网络来宣传自己的产品或服务。通过网络展示产品和服务特点及特性，通过详细的描述、精准的定位、美观的设计成功吸引客户购买。

二、任务准备

（一）工具准备

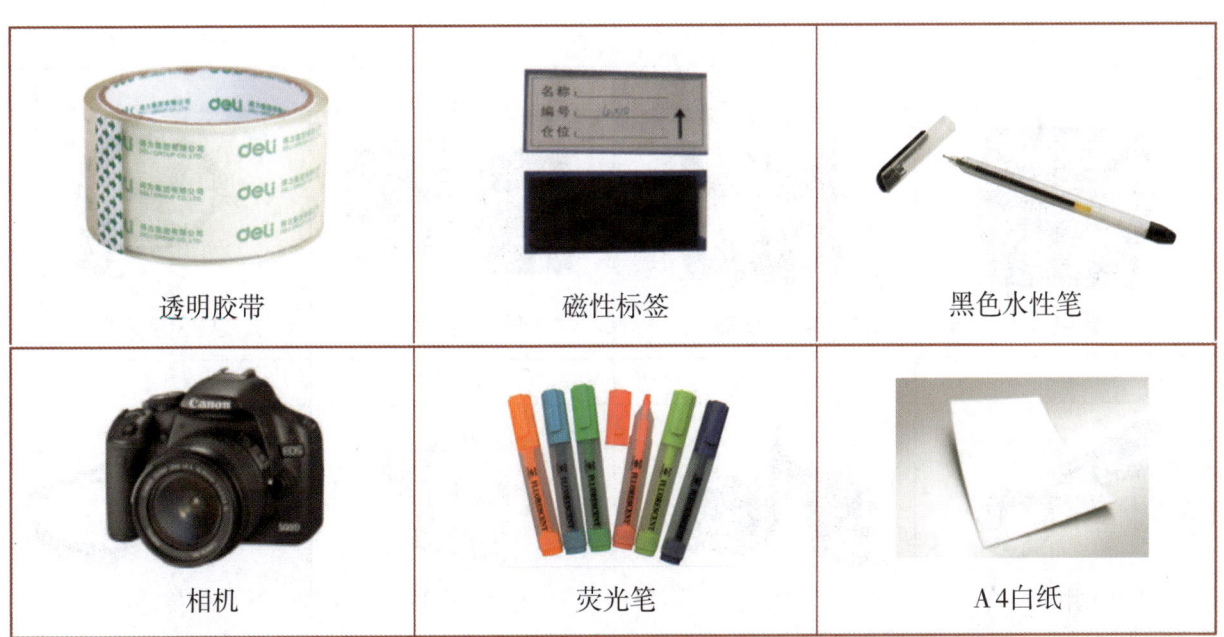

透明胶带	磁性标签	黑色水性笔
相机	荧光笔	A4白纸

（二）配件准备

勾选本组所领到的配件。

活塞	飞轮	气门	正时链条
气缸盖	曲轴	凸轮轴	机油泵
正时齿轮	节温器	发电机	起动机
变速器换挡机构	转向拉杆	后减振器	动力转向器
蓄电池	点火线圈	喇叭继电器	ABS传感器
转向组合开关	喇叭	点火开关	氧传感器

 前制动盘	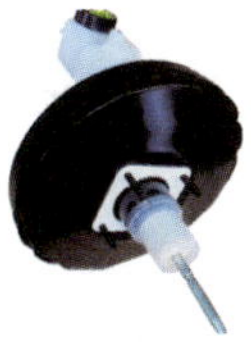 制动助力器	 轮胎	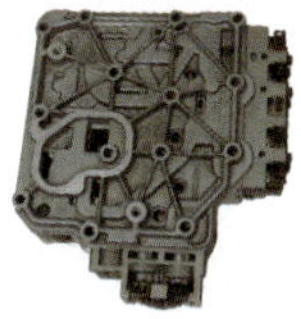 自动变速器阀体
 轮毂	 变速器齿轮	 机油滤清器	 燃油滤清器
 空气滤清器	 空调滤清器	 雨刮片	 前制动片
 火花塞	 灯泡	 冷却液	 传动带

三、任务分配

分配任务，填入表 9-1。

表 9-1 任务分配

职 务	代 码	姓 名	工作内容
组长	A		监督、管理组员工作
组员	B		准备工具、设备、单据
	C		
	D		领取配件
	E		
	F		

四、任务实施

各组分别布置展示货架，并进行美化、配件摆放、磁性标签的填写等工作，要求重点突出，简洁美观，可以吸引客户眼球。

各组分别对分配到的配件进行网络营销，并将配件信息填入配件网络营销系统（以机油滤清器为例，见表9-2）。每组至少完成5个配件的网络营销。

表 9-2　　　　　　　　　配件网络营销系统

配件编号和图片	配件信息
机油滤清器（L）-KDZ-115-001-00-B01	价格：42 元/个，库存：30 个
	品名：机油滤清器
	品牌：马勒
	产地：中国
	规格：独立包装
	功能：过滤机油中的杂质
	更换周期：5 000 km
	适用车型：大众汽车、奥迪汽车、斯柯达汽车等
	品名：
	品牌：
	产地：
	规格：
	功能：
	更换周期：
	适用车型：

续表

配件编号和图片	配件信息
	品名：
	品牌：
	产地：
	规格：
	功能：
	更换周期：
	适用车型：
	品名：
	品牌：
	产地：
	规格：
	功能：
	更换周期：
	适用车型：
	品名：
	品牌：
	产地：
	规格：
	功能：
	更换周期：
	适用车型：
	品名：
	品牌：
	产地：
	规格：
	功能：
	更换周期：
	适用车型：

配件编号和图片	配件信息
	品名：
	品牌：
	产地：
	规格：
	功能：
	更换周期：
	适用车型：
	品名：
	品牌：
	产地：
	规格：
	功能：
	更换周期：
	适用车型：
	品名：
	品牌：
	产地：
	规格：
	功能：
	更换周期：
	适用车型：

五、检 查

（一）自 检

结合本组任务实施过程，检查相关表格是否符合要求，将结果填入表9-3。

表9-3　　　　　　　　　　自　检

检查项目	检查结果
货架物品摆放是否恰当	是□　　否□
配件展示内容是否简洁明了	是□　　否□
配件网络营销内容是否完整	是□　　否□
配件网络营销内容编制是否正确	是□　　否□

（二）互 检

组与组之间相互检查，将结果填入表9-4。

表9-4　　　　　　　　　　互　检

检查项目	检查结果
货架物品摆放是否恰当	是□　　否□
配件展示内容是否简洁明了	是□　　否□
配件网络营销内容是否完整	是□　　否□
配件网络营销内容编制是否正确	是□　　否□

六、课堂小结

微课动画

实操视频

汽车配件管理任务工单			
任务描述	编写配件号 □　计算配件订购量 □　订购配件 □　验收到货配件 □ 配件索赔 □　仓库分区 □　编制料位码 □　配件定位码放置 □ 配件营销 □　配件出库 □　库存盘点 □　盘点报告 □ 其他：＿＿＿＿＿＿＿＿＿＿＿＿＿＿＿＿＿＿＿＿＿＿＿＿＿		
资料选择	配件号编制表 □　配件采购计算表 □　配件订货单 □　配件采购合同 □ 配件网络营销平台 □　配件送货单 □　配件验收单 □　出入库登记表 □ 汽车配件索赔申请单□　汽车配件外部销售单□　汽车配件出库单□　配件盘点明细表 □ 盘点报告 □　国产配件号表 □　进口配件号表 □ 其他：＿＿＿＿＿＿＿＿＿＿＿＿＿＿＿＿＿＿＿＿＿＿＿＿＿		

配件信息	配件类型	配件名称
配件信息		

配件包装检查		配件质量检查	
破损□		锈蚀□	
脏污□		损坏□	
虫蛀□		脏污□	
腐蚀□		变形□	
明确具体工作任务	＿＿＿＿＿＿＿＿＿＿＿＿＿＿＿＿＿＿＿＿＿＿＿＿＿＿＿＿＿＿＿＿＿		

一、知识讲解

（一）配件销售

日常配件销售可分为配件外销和车辆维修发料两种。配件外销是指直接将仓库中的配件销售给客户，库存配件数量减少。车辆维修发料是指车辆进站维修保养需更换配件，仓库根据委托书等凭证发送配件。

（二）配件外销

配件外销的工作流程：

（1）记录客户需求。

（2）查询系统中是否有配件。

（3）若有配件，打印出库单；若没有配件，及时订购。

（4）记录出库信息。

（5）客户交费、提货并验收。

（三）车辆维修发料

车辆维修发料流程如下：

（1）提供任务委托书等凭证。

（2）审核维修项目。

（3）发货人与领料人签字确认。

（4）填写出库单并准备配件。

（5）提货并验收。

（6）确定维修项目所需配件。

（7）单据存档。

（四）销售退换货

销售退换货是指客户对已销售的配件按销售单进行退货处理。销售退货使库存配件数量增加。

二、任务准备

（一）资料准备

汽车配件外部销售单						
车牌号		车　型		VIN		
客户姓名		联系电话		出库日期		
序　号	配件名称	配件号	数　量	单　价	金　额	料位码
合计金额：						
发料人		制单人		日　期		

汽车配件出库存单						
车牌号		车　型		VIN		
客户姓名		联系电话				
序　号	配件名称	配件号	数　量	单　价	金　额	料位码
发料人		制单人		日　期		

（二）配件准备

勾选本组所领到的配件。

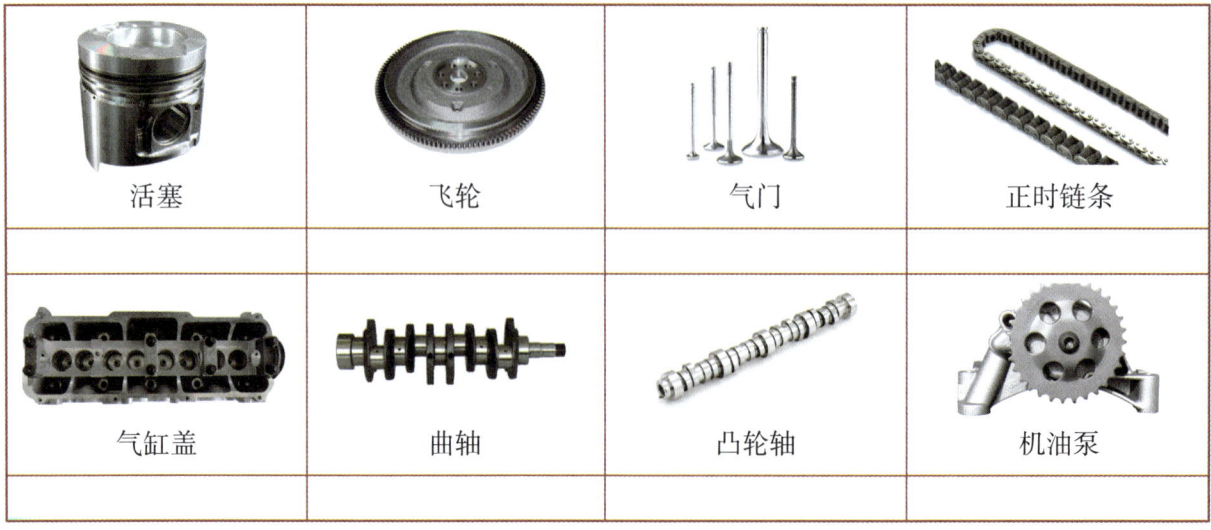

活塞	飞轮	气门	正时链条
气缸盖	曲轴	凸轮轴	机油泵

 正时齿轮	 节温器	 发电机	 起动机
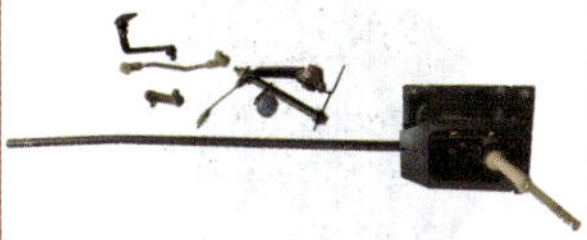 变速器换挡机构	 转向拉杆	 后减振器	 动力转向器
 蓄电池	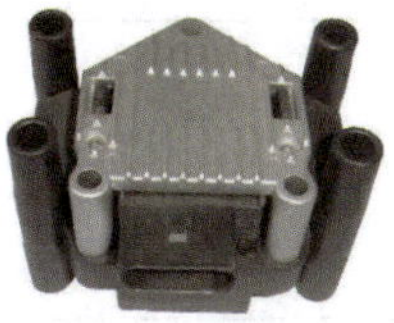 点火线圈	 喇叭继电器	 ABS传感器
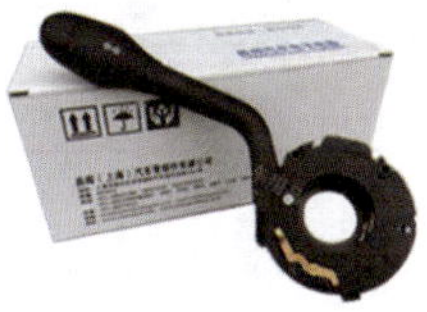 转向组合开关	 喇叭	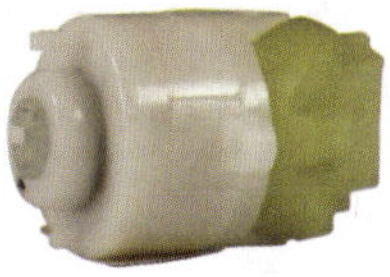 点火开关	 氧传感器
 前制动盘	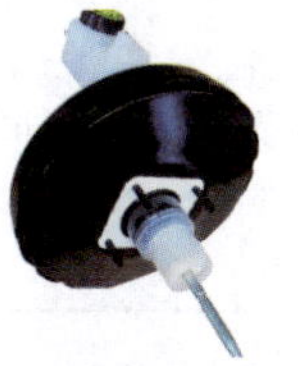 制动助力器	 轮胎	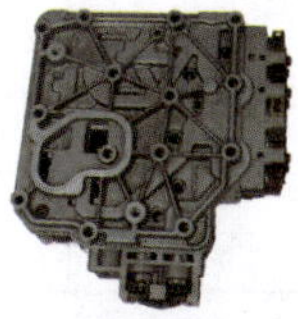 自动变速器阀体
 轮毂	 变速器齿轮	 机油滤清器	 燃油滤清器

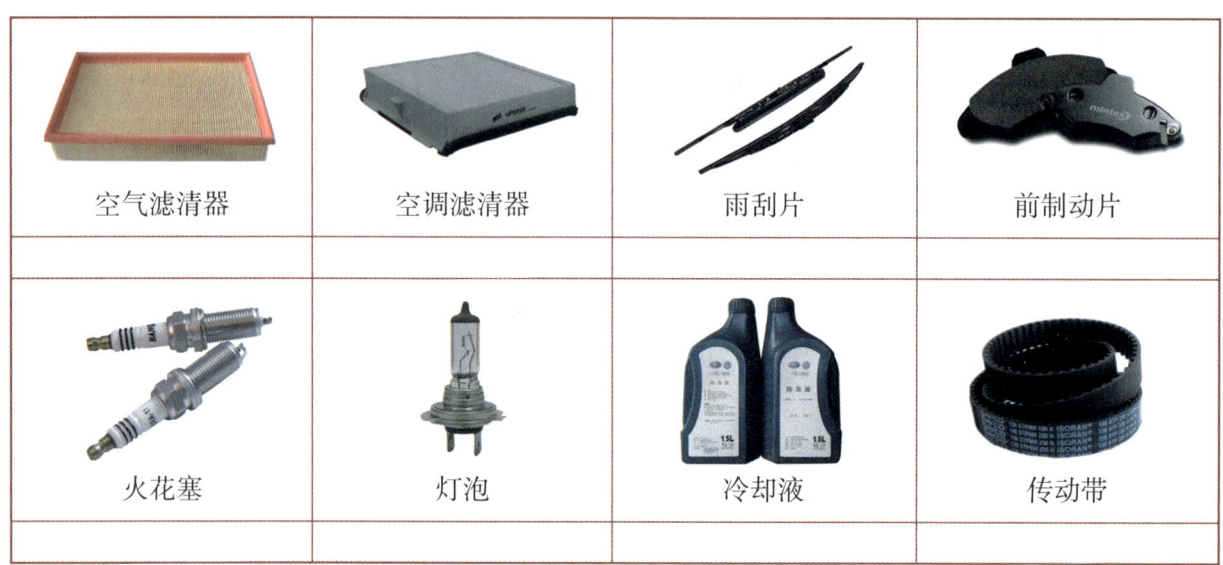

空气滤清器	空调滤清器	雨刮片	前制动片
火花塞	灯泡	冷却液	传动带

三、任务分配

分配任务，填入表 10-1。

表 10-1　　　　　　　　　　　任务分配

职　务	代　码	姓　名	工作内容
组长	A		监督、管理组员工作
组员	B		准备工具、设备
	C		
	D		检查货架上配件种类、个数、配件号、料位码
	E		
	F		

四、任务实施

（一）实施 1

结合表 10-2 案例进行配件外销和配件出库。

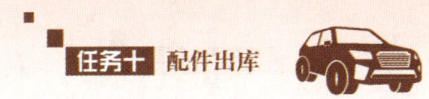
表 10-2 实施 1

车牌号		车型	
VIN		发动机号	
行驶里程	85 000 km	生产日期	
车主姓名		联系电话	

车辆行驶 85 000 km，需要更换制动片，车辆到站维修，请选择恰当的销售模式为该车辆进行配件销售

汽车配件外部销售单						
车牌号		车 型		VIN		
客户姓名		联系电话		出库日期		
序 号	配件名称	配件号	数 量	单 价	金 额	料位码

合计金额：

发料人		制单人		日 期	

汽车配件出库单						
车牌号		车 型		VIN		
客户姓名		联系电话				
序 号	配件名称	配件号	数 量	单 价	金 额	料位码
发料人		制单人		日 期		

（二）实施 2

结合表 10-3 案例进行配件外销和配件出库。

表 10-3　　　　　　　　　　　　实施 2

车牌号		车　型	
VIN		发动机号	
行驶里程	85 000 km	生产日期	
车主姓名		联系电话	

车辆行驶 85 000 km，停车之后忘记关前照灯导致蓄电池亏电损坏，无法正常使用，需要更换蓄电池。请选择恰当的销售模式为该车辆进行配件销售

汽车配件外部销售单						
车牌号		车　型		VIN		
客户姓名		联系电话		出库日期		
序　号	配件名称	配件号	数　量	单　价	金　额	料位码

合计金额：

发料人		制单人		日　期	

汽车配件出库单						
车牌号		车　型		VIN		
客户姓名		联系电话				
序　号	配件名称	配件号	数　量	单　价	金　额	料位码
发料人		制单人		日　期	

（三）实施 3

结合表 10-4 案例进行配件外销和配件出库。

表 10-4   **实施 3**

车牌号		车　型	
VIN		发动机号	
行驶里程	75 000 km	生产日期	
车主姓名		联系电话	

车辆倒车时撞到墙上，右后尾灯损坏需更换。请选择恰当的销售模式为该车辆进行配件销售

汽车配件外部销售单						
车牌号		车　型		VIN		
客户姓名		联系电话		出库日期		
序　号	配件名称	配件号	数量	单价	金　额	料位码

合计金额：

发料人		制单人		日　期	

汽车配件出库单						
车牌号		车　型		VIN		
客户姓名			联系电话			
序　号	配件名称	配件号	数　量	单　价	金　额	料位码
发料人		制单人		日　期		

五、检 查

（一）自 检

结合本组任务实施过程，检查相关表格是否符合要求，将结果填入表10-5。

表 10-5　　　　　　　　　　　　　　自　检

检查项目	检查结果
是否能够正确为客户提供配件	是□　否□
是否能够正确选择配件销售类型	是□　否□
是否能够正确填写单据	是□　否□

（二）互 检

组与组之间相互检查，将结果填入表10-6。

表 10-6　　　　　　　　　　　　　　互　检

检查项目	检查结果
是否能够正确为客户提供配件	是□　否□
是否能够正确选择配件销售类型	是□　否□
是否能够正确填写单据	是□　否□

六、课堂小结

微课动画

实操视频

汽车配件管理任务工单				
任务描述	编写配件号 □ 配件索赔 □ 配件营销 □ 其他：_____	计算配件订购量 □ 仓库分区 □ 配件出库 □	订购配件 □ 编制料位码 □ 库存盘点 □	验收到货配件 □ 配件定位码放置 □ 盘点报告 □
资料选择	配件号编制表 □ 配件网络营销平台 □ 汽车配件索赔申请单□ 盘点报告 □ 其他：_____	配件采购计算表 □ 配件送货单 □ 汽车配件外部销售单□ 国产配件号表 □	配件订货单 □ 配件验收单 □ 汽车配件出库单 □ 进口配件号表 □	配件采购合同 □ 出入库登记表 □ 配件盘点明细表 □

配件信息	配件类型	配件名称

配件包装检查		配件质量检查	
破损□		锈蚀□	
脏污□		损坏□	
虫蛀□		脏污□	
腐蚀□		变形□	

明确具体 工作任务	_____ _____

盘点是每个配件仓库每日都需进行的业务之一。配件的库存数是否与系统记录的数量一致、每日的流动量是否正确统计等都直接关系到公司的利益。

（一）盘点的内容

盘点时，需要盘点库存配件数量，盘点货位，清扫货物，处理积压品；核对账与实物、账与账，纠正账面实物偏离；及时发现工作中的漏洞，减少损失；对盘点中出现的问题进行分析并出具分析报告。

（二）盘点的分类

库存盘点主要分为日常盘点和定期盘点，定期盘点又分为周盘点、月盘点、季度盘点、半年盘点或年盘点。

日常盘点也称为动态盘点，主要是针对每日出入库的配件进行盘点，核实账物是否相符。其优点是能够及时发现问题，并进行相应的更正。

定期盘点的时间间隔由各配件部门根据自身的情况确定。定期盘点的作用是进行所有类别配件的数量盘点，并进行配件质量检查与修整，及时处理呆滞配件。

（三）库存盘点

库存盘点的工作流程如下：

（1）制作配件盘点单。

（2）进行盘点确认并记录。

（3）组长监督抽查。

（4）报告有关部门复查。

（5）检查差异并处理。

（6）及时更新库存。

二、任务准备

（一）资料准备

配件库盘点明细						
序号	配件名称	配件号	个数	料位码	盘点结果	备注
1	机油滤清器	（L）-KDZ-115-001-00-B01	32	C01-01-05	□合格 □不合格	
2	空气滤清器	（L）-KDZ-133-001-00-C01	19	C01-02-04	□合格 □不合格	
3	燃油滤清器	（L）-KDZ-201-001-00-S01	25	C01-03-04	□合格 □不合格	
4	制动片	（L）-KDZ-615-001-00-B01	8	B01-05-03	□合格 □不合格	
5	蓄电池	（L）-KDZ-915-001-00-B01	5	A03-05-01	□合格 □不合格	
6	活塞	（L）-KDZ-107-001-01-Y01	6	C01-01-05	□合格 □不合格	
7	曲轴	（L）-KDZ-105-001-02-Y01	12	C01-02-04	□合格 □不合格	
8	飞轮	（L）-KDZ-105-002-01-Y01	34	C01-03-04	□合格 □不合格	
9	气门	（L）-KDZ-109-002-01-Y01	24	B01-05-03	□合格 □不合格	
10	正时链条	（L）-KDZ-109-006-01-Y02	2	A03-05-01	□合格 □不合格	
11	气缸盖	（L）-KDZ-103-002-02-Y01	14	A03-05-01	□合格 □不合格	
12	凸轮轴	（L）-KDZ-109-002-01-Y01	17	C01-01-05	□合格 □不合格	
13	机油泵	（L）-KDZ-115-001-01-Y01	21	C01-02-04	□合格 □不合格	
14	正时齿轮	（L）-KDZ-109-021-01-Y01	27	C01-03-04	□合格 □不合格	
15	节温器	（L）-KDZ-121-306-02-Y02	9	B01-05-03	□合格 □不合格	
16	发电机	（L）-KDZ-903-701-01-B01	6	C01-03-04	□合格 □不合格	
17	起动机	（L）-KDZ-911-708-00-B01	12	B01-05-03	□合格 □不合格	
18	蓄电池	（L）-KDZ-915-703-03-B01	3	A03-05-01	□合格 □不合格	
19	点火线圈	（L）-KDZ-904-705-04-B04	11	A03-05-01	□合格 □不合格	
20	喇叭继电器	（L）-KDZ-906-735-01-B01	22	C01-01-05	□合格 □不合格	
21	ABS 传感器	（L）-KDZ-927-630-01-B01	10	C01-01-05	□合格 □不合格	
22	转向组合开关	（L）-KDZ-953-634-02-B02	15	C01-02-04	□合格 □不合格	
23	喇叭	（L）-KDZ-951-721-05-B05	26	C01-03-04	□合格 □不合格	
24	点火开关	（L）-KDZ-904-704-01-B01	1	B01-05-03	□合格 □不合格	

（二）工具准备

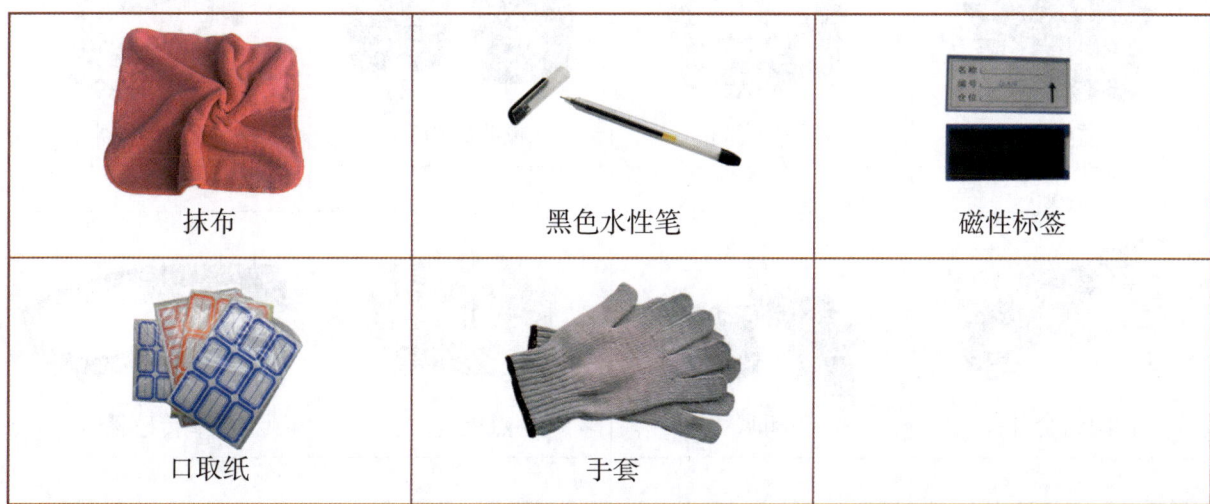

抹布	黑色水性笔	磁性标签
口取纸	手套	

（三）配件准备

勾选本组所领到的配件。

活塞	飞轮	气门	正时链条
气缸盖	曲轴	凸轮轴	机油泵
正时齿轮	节温器	发电机	起动机
变速器换挡机构	转向拉杆	后减振器	动力转向器
蓄电池	点火线圈	喇叭继电器	ABS传感器
转向组合开关	喇叭	点火开关	氧传感器

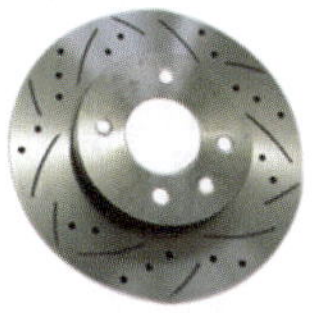 前制动盘	 制动助力器	 轮胎	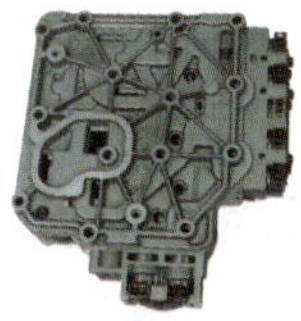 自动变速器阀体
 轮毂	 变速器齿轮	 机油滤清器	 燃油滤清器
 空气滤清器	 空调滤清器	 雨刮片	 前制动片
 火花塞	 灯泡	 冷却液	 传动带

三、任务分配

分配任务，填入表 11-1。

表 11-1　　　　　　　　　　任务分配

职　务	代　码	姓　名	工作内容
组长	A		监督、管理组员工作
组员	B		准备资料、表格
	C		
	D		准备货架、配件
	E		
	F		

四、任务实施

（一）实施 1

各组把盘点结果填入表 11-2。

表 11-2 盘点结果 1

序号	实施内容	实施结果	备 注
1	配件数量是否一致	是□ 否□	
2	配件排放位置是否正确	是□ 否□	
3	配件质量是否合格	是□ 否□	
4	配件外包装是否损坏	是□ 否□	
5	配件名称与编号是否一致	是□ 否□	

（二）实施 2

各组把盘点结果填入表 11-3。

表 11-3 盘点结果 2

序号	实施内容	实施结果	备 注
1	配件数量是否一致	是□ 否□	
2	配件排放位置是否正确	是□ 否□	
3	配件质量是否合格	是□ 否□	
4	配件外包装是否损坏	是□ 否□	
5	配件名称与编号是否一致	是□ 否□	

（三）实施 3

各组把盘点结果填入表 11-4。

表 11-4 盘点结果 3

序号	实施内容	实施结果	备 注
1	配件数量是否一致	是□ 否□	
2	配件排放位置是否正确	是□ 否□	
3	配件质量是否合格	是□ 否□	
4	配件外包装是否损坏	是□ 否□	
5	配件名称与编号是否一致	是□ 否□	

（四）实施 4

各组把盘点结果填入表 11-5。

表 11-5　　　　　　　　　　　盘点结果 4

序号	实施内容	实施结果	备　注
1	配件数量是否一致	是□　否□	
2	配件排放位置是否正确	是□　否□	
3	配件质量是否合格	是□　否□	
4	配件外包装是否损坏	是□　否□	
5	配件名称与编号是否一致	是□　否□	

（五）实施 5

各组把盘点结果填入表 11-6。

表 11-6　　　　　　　　　　　盘点结果5

序号	实施内容	实施结果	备　注
1	配件数量是否一致	是□　否□	
2	配件排放位置是否正确	是□　否□	
3	配件质量是否合格	是□　否□	
4	配件外包装是否损坏	是□　否□	
5	配件名称与编号是否一致	是□　否□	

五、检　查

（一）自　检

结合本组任务实施过程，检查相关表格是否符合要求，将结果填入表 11-7。

表 11-7　　　　　　　　　　　自　检

检查项目	检查结果
盘点配件时是否轻拿轻放	是□　否□
盘点配件是否有遗漏	是□　否□
盘点表填写是否准确	是□　否□
组员配合是否默契	是□　否□
工作场地是否清洁	是□　否□

（二）互 检

组与组之间相互检查，将结果填入表 11-8。

表 11-8   互   检

检查项目	检查结果
盘点配件时是否轻拿轻放	是□ 否□
盘点配件是否有遗漏	是□ 否□
盘点表填写是否准确	是□ 否□
组员配合是否默契	是□ 否□
工作场地是否清洁	是□ 否□

六、课堂小结

微课动画

实操视频

汽车配件管理任务工单							
任务描述	编写配件号 ☐ 配件索赔 ☐ 配件营销 ☐ 其他：_____		计算配件订购量 ☐ 仓库分区 ☐ 配件出库 ☐		订购配件 ☐ 编制料位码 ☐ 库存盘点 ☐		验收到货配件 ☐ 配件定位码放置 ☐ 盘点报告 ☐
资料选择	配件号编制表 ☐ 配件网络营销平台 ☐ 汽车配件索赔申请单☐ 盘点报告 ☐ 其他：_____		配件采购计算表 ☐ 配件送货单 ☐ 汽车配件外部销售单☐ 国产配件号表 ☐		配件订货单 ☐ 配件验收单 ☐ 汽车配件出库单 ☐ 进口配件号表 ☐		配件采购合同 ☐ 出入库登记表 ☐ 配件盘点明细表 ☐
配件信息	配件类型			配件名称			

配件包装检查		配件质量检查	
破损☐		锈蚀☐	
脏污☐		损坏☐	
虫蛀☐		脏污☐	
腐蚀☐		变形☐	
明确具体 工作任务	_____		

一、知识讲解

（一）账面盈亏

盘点结果分为账物相符、账物不符两种情况。

账物相符即仓库实际库存配件种类、数量与账面配件记录相符合。

账物不符又可以分为盘盈和盘亏。

盘盈是指仓库实际库存配件种类、数量多于账面配件记录。盘盈的主要原因有串账、开单未领料、出库总成件拆下新件等。盘盈的处理方法见表12-1。

盘亏是指仓库实际库存配件种类、数量少于账面配件记录数量。盘亏的主要原因有借用、漏出单、产品损耗、串账等。盘亏的处理方法见表12-2。

表 12-1 盘盈的处理方法

原 因	方 法
串账	调账
开单未领料	核查调整帐面
出库总成件拆下新件	核查补单进行登记

表 12-2 盘亏的处理方法

原 因	方 法
借用	核查补单
漏出单	核查补单
产品损耗	登记上报
串账	调整

（二）滞留件

配件仓库的部分配件，当其库存超过一定时间而未能销售出库，这类配件称为滞留件。分析滞留件的滞留原因并将相应的处理办法填入表12-3。

表 12-3 滞留件

序号	滞留原因	滞留件处理办法
1	库存不合理，单次订货过多造成未销售完	汇报领导，财务进行报废处理
2	车型老化停产，该车型配件难以销售	低价或打折处理给其他同品牌经销商或修理厂
3	事故车订货后却未更换	与车间做好沟通，遇到维修车辆优先选用
4	订货到店后，客户已经在其他店更换	与活动搭配打折促销

二、任务准备

（一）资料准备

配件库盘点明细						
序号	配件名称	配件号	个数	料位码	盘点结果	备注
1	机油滤清器	（L）-KDZ-115-001-00-B01	32	C01-01-05	□合格 □不合格	
2	空气滤清器	（L）-KDZ-133-001-00-C01	19	C01-02-04	□合格 □不合格	
3	燃油滤清器	（L）-KDZ-201-001-00-S01	25	C01-03-04	□合格 □不合格	
4	制动片	（L）-KDZ-615-001-00-B01	8	B01-05-03	□合格 □不合格	
5	蓄电池	（L）-KDZ-915-001-00-B01	5	A03-05-01	□合格 □不合格	
6	活塞	（L）-KDZ-107-001-01-Y01	6	C01-01-05	□合格 □不合格	
7	曲轴	（L）-KDZ-105-001-02-Y01	12	C01-02-04	□合格 □不合格	
8	飞轮	（L）-KDZ-105-002-01-Y01	34	C01-03-04	□合格 □不合格	
9	气门	（L）-KDZ-109-002-01-Y01	24	B01-05-03	□合格 □不合格	
10	正时链条	（L）-KDZ-109-006-01-Y02	2	A03-05-01	□合格 □不合格	
11	气缸盖	（L）-KDZ-103-002-02-Y01	14	A03-05-01	□合格 □不合格	
12	凸轮轴	（L）-KDZ-109-002-01-Y01	17	C01-01-05	□合格 □不合格	
13	机油泵	（L）-KDZ-115-001-01-Y01	21	C01-02-04	□合格 □不合格	
14	正时齿轮	（L）-KDZ-109-021-01-Y01	27	C01-03-04	□合格 □不合格	
15	节温器	（L）-KDZ-121-306-02-Y02	9	B01-05-03	□合格 □不合格	
16	发电机	（L）-KDZ-903-701-01-B01	6	C01-03-04	□合格 □不合格	
17	起动机	（L）-KDZ-911-708-00-B01	12	B01-05-03	□合格 □不合格	
18	蓄电池	（L）-KDZ-915-703-03-B01	3	A03-05-01	□合格 □不合格	
19	点火线圈	（L）-KDZ-904-705-04-B04	11	A03-05-01	□合格 □不合格	
20	喇叭继电器	（L）-KDZ-906-735-01-B01	22	C01-01-05	□合格 □不合格	
21	ABS传感器	（L）-KDZ-927-630-01-B01	10	C01-01-05	□合格 □不合格	
22	转向组合开关	（L）-KDZ-953-634-02-B02	15	C01-02-04	□合格 □不合格	
23	喇叭	（L）-KDZ-951-721-05-B05	26	C01-03-04	□合格 □不合格	
24	点火开关	（L）-KDZ-904-704-01-B01	1	B01-05-03	□合格 □不合格	

盘点报告													
日　期		年　　月　　日											
配件名称	配件号	现库藏存			盘　盈			盘　亏			说　明		负责人
		数　量	单　价	金　额	数　量	单　价	金　额	数　量	单　价	金　额			

（二）工具准备

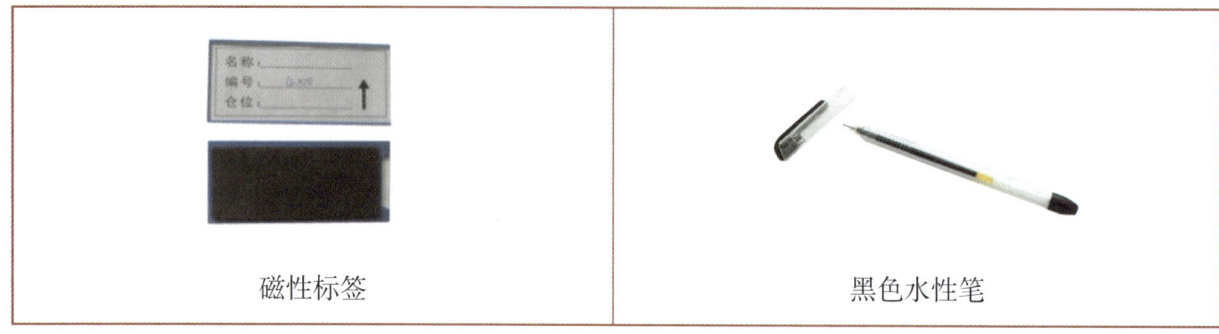

磁性标签	黑色水性笔

（三）配件准备

在下列图片中勾选出本组所领取到的配件。

 活塞	 飞轮	 气门	 正时链条
 变速器换挡机构	 转向拉杆	 后减振器	 动力转向器
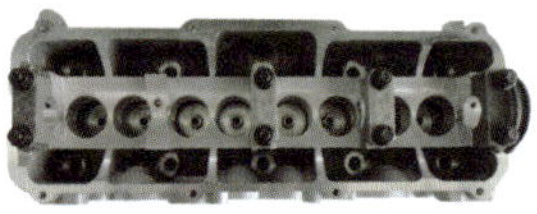 气缸盖	 曲轴	 凸轮轴	 机油泵
 正时齿轮	 节温器	 发电机	 起动机

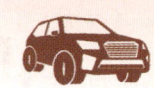

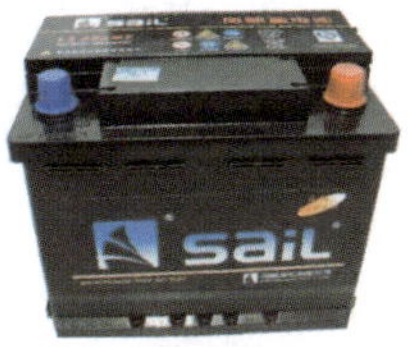 sail 蓄电池	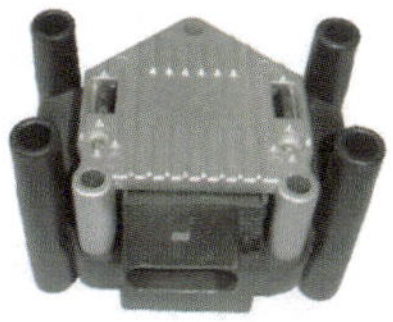 点火线圈	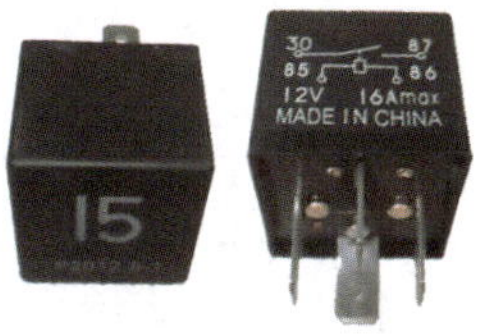 15 30 87 85 86 12V 16Amax MADE IN CHINA 喇叭继电器	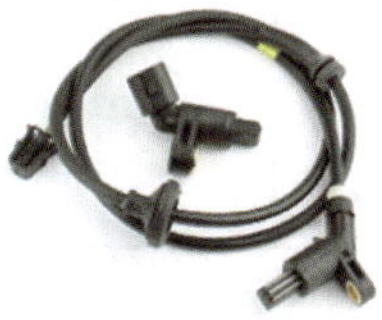 ABS传感器
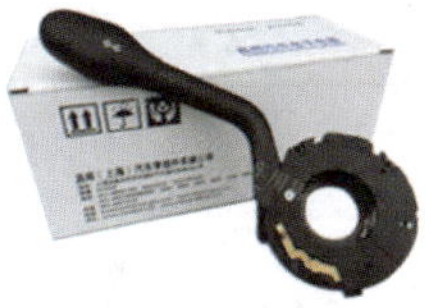 转向组合开关	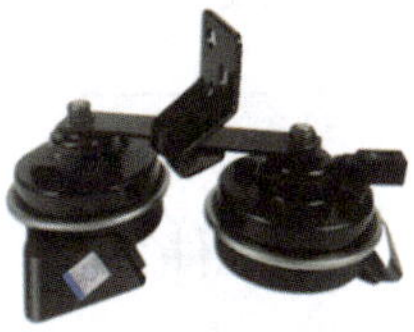 喇叭	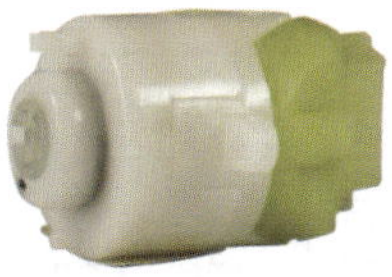 点火开关	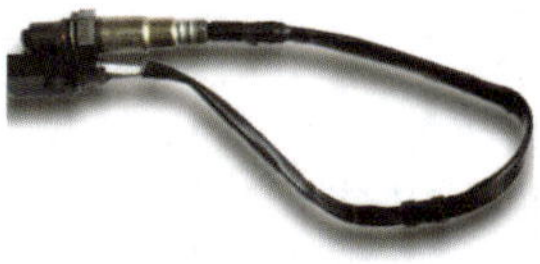 氧传感器
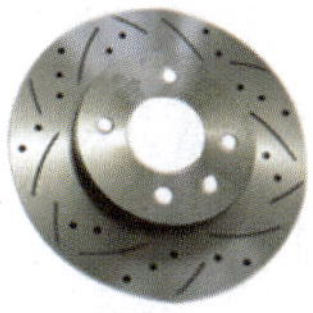 前制动盘	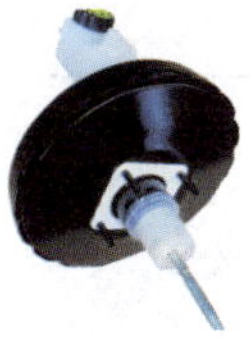 制动助力器	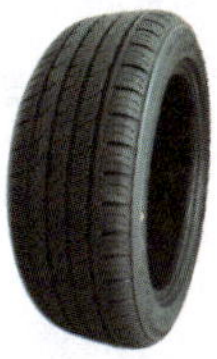 轮胎	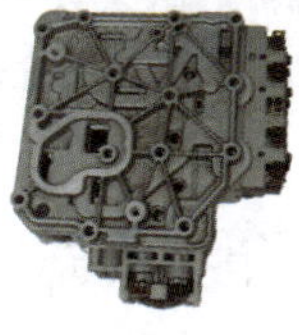 自动变速器阀体
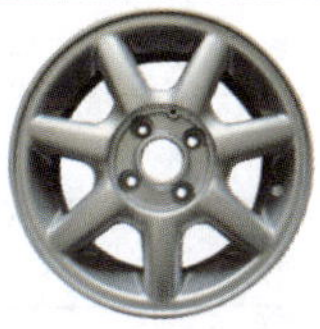 轮毂	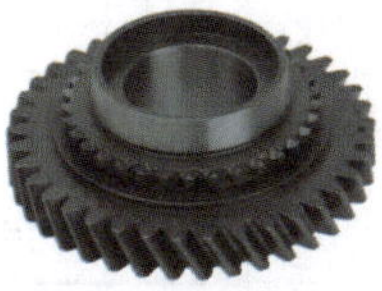 变速器齿轮	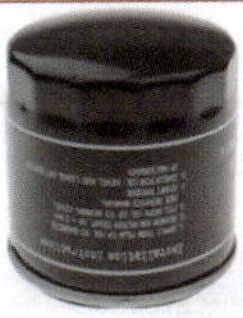 机油滤清器	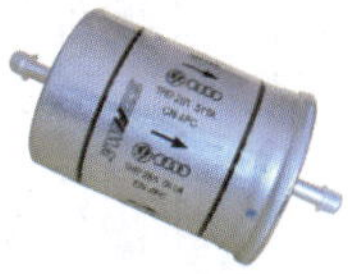 燃油滤清器
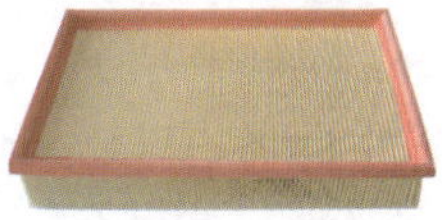 空气滤清器	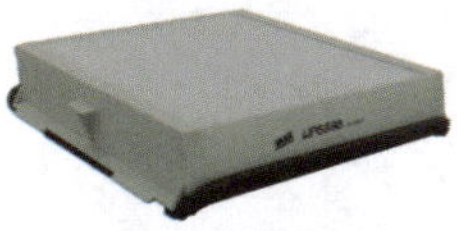 空调滤清器	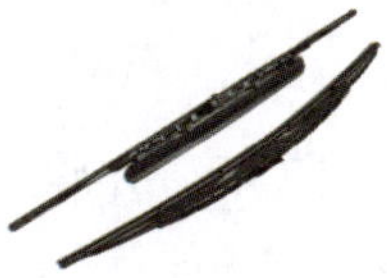 雨刮片	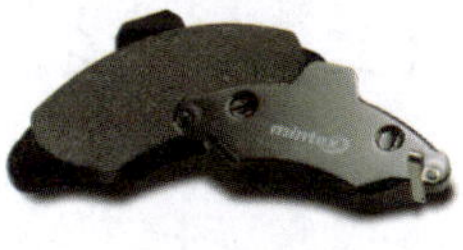 前制动片
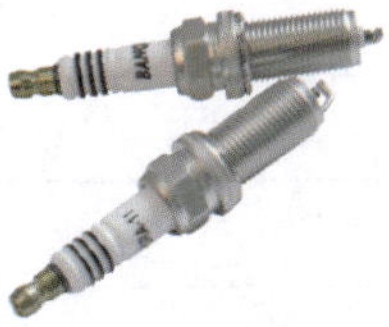 火花塞	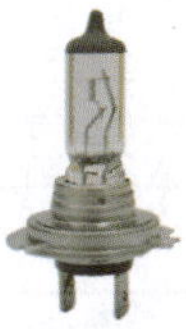 灯泡	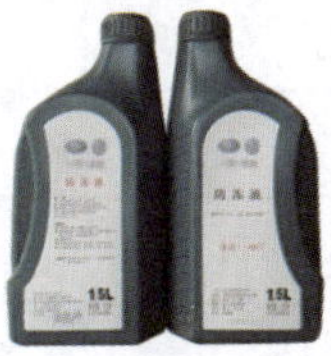 冷却液	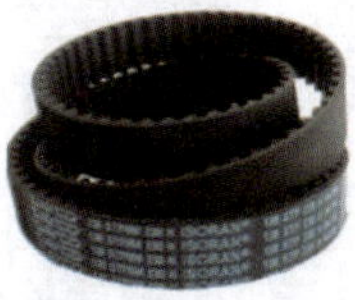 传动带

三、任务分配

分配任务，填入表12-4。

表 12-4   任务分配

职　务	代　码	姓　名	工作内容
组长	A		监督、管理组员工作
组员	B		准备资料、表格
	C		
组员	D		准备货架、配件
	E		
	F		

四、任务实施

（一）实施 1

各组把实施结果填入表12-5，并将配件重新摆放至货架上，完善磁性标签信息。

表 12-5   实施 1

序号	实施内容	实施结果	处理方法
1	配件数量是否一致	是□　否□	
2	配件盘盈	是□　否□	
3	配件盘亏	是□　否□	
4	配件外包装是否损坏	是□　否□	
5	配件名称与编号是否一致	是□　否□	

（二）实施 2

各组把实施结果填入表12-6，并将配件重新摆放至货架上，完善磁性标签信息。

表 12-6   实施 2

序号	实施内容	实施结果	处理方法
1	配件数量是否一致	是□　否□	
2	配件盘盈	是□　否□	
3	配件盘亏	是□　否□	
4	配件外包装是否损坏	是□　否□	
5	配件名称与编号是否一致	是□　否□	

（三）实施3

各组把实施结果填入表12-7，并将配件重新摆放至货架上，完善磁性标签信息。

表 12-7　　　　　　　　　　　　　　实施 3

序号	实施内容	实施结果	处理方法
1	配件数量是否一致	是□　否□	
2	配件盘盈	是□　否□	
3	配件盘亏	是□　否□	
4	配件外包装是否损坏	是□　否□	
5	配件名称与编号是否一致	是□　否□	

（四）实施4

各组把实施结果填入表12-8，并将配件重新摆放至货架上，完善磁性标签信息。

表 12-8　　　　　　　　　　　　　　实施 4

序号	实施内容	实施结果	处理方法
1	配件数量是否一致	是□　否□	
2	配件盘盈	是□　否□	
3	配件盘亏	是□　否□	
4	配件外包装是否损坏	是□　否□	
5	配件名称与编号是否一致	是□　否□	

（五）实施5

各组把实施结果填入表12-9，并将配件重新摆放至货架上，完善磁性标签信息。

表 12-9　　　　　　　　　　　　　　实施 5

序号	实施内容	实施结果	处理方法
1	配件数量是否一致	是□　否□	
2	配件盘盈	是□　否□	
3	配件盘亏	是□　否□	
4	配件外包装是否损坏	是□　否□	
5	配件名称与编号是否一致	是□　否□	

五、检　查

（一）自　检

结合本组任务实施过程，检查相关表格是否符合要求，将结果填入表 12-10。

表 12-10　　　　　　　　　　　　　自　检

检查项目	检查结果
盘点配件时是否轻拿轻放	是□　否□
盘点配件是否有遗漏	是□　否□
盘点表填写是否正确	是□　否□
工作场地是否清洁	是□　否□
盘盈原因分析及处理方法	是□　否□
盘亏原因分析及处理方法	是□　否□

（二）互　检

组与组之间相互检查，将结果填入表 12-11。

表 12-11　　　　　　　　　　　　　互　检

检查项目	检查结果
盘点配件时是否轻拿轻放	是□　否□
盘点配件是否有遗漏	是□　否□
盘点表填写是否正确	是□　否□
工作场地是否清洁	是□　否□
盘盈原因分析及处理方法	是□　否□
盘亏原因分析及处理方法	是□　否□

六、课堂小结

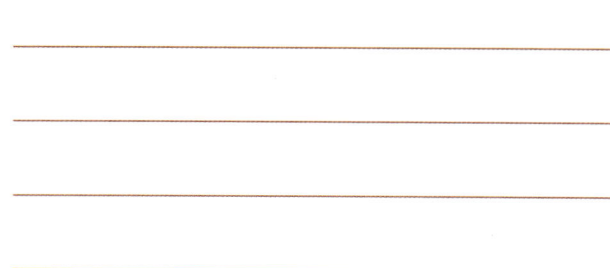

微课动画

实操视频